KOCHEN BIS DIE HOSE RUTSCHT

Genussvoll abnehmen mit Vibono

Andreas Schweinbenz | Nancy-Nicole Krüger

von
Nancy
für Vibono

VIBONO
BOOKS

Impressum

1. Auflage, Mai 2016
© Vibono GmbH, Hollenbach 2016

Druck: CPI Books GmbH, Ulm
Umschlagfoto: ariwasabi, istockphoto.com
Gestaltung und Layout: Kimera Knopp (www.kimera-design.de)
Fotos der fertigen Gerichte: Nancy-Nicole Krüger
Fotos der Autoren: Nancy-Nicole Krüger, Tom Kohler
(www.tomkohler.de)
Sonstige Fotos: istockphoto.com
Redaktion: Lara Tunnat (www.lektorat-tunnat.de)
Printed in Germany
ISBN 978-3-943088-06-9

www.vibono.de
www.facebook.com/vibono

Inhalt

Vorwort

Es ist der Traum sehr vieler Menschen: Lecker essen und trotzdem abnehmen. Eigentlich ist das nicht schwierig, es gibt aber wenige gute Kochbücher mit entsprechenden Rezepten. Nur wer bereit ist, auf Nudeln, Kartoffeln und Brot zu verzichten, wird im Low-Carb-Bereich einigermaßen fündig. Der Preis dafür ist allerdings hoch: Das Genussspektrum wird massiv eingeschränkt. Und die Praxis zeigt, dass die meisten ein Leben ohne Kohlenhydrate nur eine begrenzte Zeit durchhalten.

Dabei ist diese Einschränkung gar nicht nötig bzw. sogar hinderlich. Denn der Erfolg beim Abnehmen hängt ganz entscheidend davon ab, ob es gelingt, die gewählte Ernährungsweise dauerhaft durchzuhalten. Das Erfolgskonzept von Vibono hat längst bewiesen, dass es viel leichter ist, sich abnehmtauglich zu ernähren, wenn es keine Verbote gibt und man nicht auf liebgewonnene Speisen wie Pasta, Kartoffelsalat oder Brot zur Suppe verzichten muss.

Die Schlüssel zum Erfolg sind Genuss und ein Grundwissen über Lebensmittel. Damit schmeckt es, und man isst vernünftige Dinge. Dann muss man sich nur bei den drei täglichen Hauptmahlzeiten satt essen, und schon purzeln die Pfunde.

Die Küche ist eine Spielwiese. Zumindest für Nancy-Nicole Krüger. Sie hat vor fünf Jahren zum ersten Mal von Vibono gehört und ihre Kochkünste anschließend in die richtige Richtung gelenkt.

Entscheidend war das Prinzip der Energiedichte. Zwar wird dabei zwischen Schlankmachern und Dickmachern unterschieden, aber es ist nichts verboten – schon gar nicht beim Kochen. Man muss nur auf die Mengen der verwendeten Lebensmittel achten. Aber das tut man beim Kochen ohnehin.

Nancy hat sich in ihrer Küche also ausgetobt und neue Rezept kreiert. Die Lebensmittel, die sie verwendet, gibt´s beim Discounter oder im Supermarkt. Wenn's mal schnell gehen muss, darf es natürlich auch tiefgekühltes Gemüse sein. Nancy geht arbeiten und hat zwei Kinder und einen Mann. Dass ihre Rezepte alltagstauglich sein müssen, versteht sich da von selbst.

Trotzdem zeigt sie, dass Abnehmen und Genuss kein Widerspruch sind, sondern vielmehr untrennbar zusammengehören, wenn das Vorhaben von Erfolg gekrönt sein soll. Vielleicht helfen Ihnen die Rezepte in diesem Buch ja dabei, selbst zu dieser Erkenntnis zu gelangen.

Viel Spaß beim Kochen und Genießen!
Andreas Schweinbenz

ABNEHMEN MIT GENUSS

UND GRÜNER ENERGIEDICHTE

Es ist richtig, dass die Kalorien das Maß für den Energie-
gehalt eines Lebensmittels bzw. einer ganzen Mahlzeit sind.
Der Ansatz, sie zu zählen, taugt aber für den Alltag nichts.
Er ist einfach viel zu unpraktisch. Trotzdem geben viele
Kochbücher und Rezeptsammlungen die Kalorienzahl an und
oft auch die enthaltenen Mengen an Kohlenhydraten, Fett
und Eiweiß, obwohl viele Menschen mit diesen Informationen
wenig anfangen können.

Viel alltagstauglicher ist die Energiedichte. Sie gibt an, wie
viele Kalorien ein Gramm eines Lebensmittels oder eines
Gerichts hat. Angegeben wird sie entsprechend in „kcal/g".

Anfänger orientieren sich an den Ampelfarben: Schlankmacher
sind „grün", Dickmacher „rot". Und alles dazwischen ist
„gelb". Die 250 wichtigsten Lebensmittel haben wir mit ihren
Farben in der Tabelle am Ende des Buches zusammengefasst.
„Grün" bedeutet dabei: „weniger als 1,5 kcal/g". „Rot" zeigt
warnend: „mehr als 2,5 kcal/g".

Fortgeschrittene berücksichtigen auch die Mengen der verwendeten Lebensmittel. Sie gewichten sie also. Das ist sinnvoll, weil „rote" Zutaten keineswegs verboten sind. Wenn man sie in geringer Menge verwendet, verschlechtern sie nämlich die Energiedichte „grüner" Zutaten nur geringfügig. Etwas Sahne oder Parmesan (beides „rot") verbessern beispielsweise den Geschmack stark, belassen ein Gemüsegericht aber im „grünen" Bereich.

Das Schöne ist nun, dass man sich nur noch dreimal täglich mit „grünen" Mahlzeiten satt essen muss und automatisch abnimmt.

Natürlich haben wir bei allen Rezepten die Energiedichte angegeben. Für ein paar Gerichte erläutern wir sie sogar exemplarisch.

Wer sich eingehender mit der Energiedichte beschäftigen möchte, findet alles Wichtige dazu auf unserer Webseite www.energiedichte.info.

GEMÜSE

Das Abnehm-Lebensmittel schlechthin

Sollte man Lebensmittel nennen, mit denen man sehr gut abnehmen kann, würde man mit quasi allen Gemüsesorten punkten. Denn Gemüse enthält sehr wenig Kalorien. Auch wenn man es in großen Mengen isst, landet so gut wie nichts in den Fettzellen. Im Gegenteil, die enthaltene Energie reicht i.d.R. nicht aus, um den Bedarf zu decken. Der Körper greift deshalb auf seine Fettreserven zurück und baut sie sukzessive ab.

Allerdings verspüren viele nach reinen Gemüsemahlzeiten relativ schnell wieder Hunger und laufen in eine gefährliche Abnehmfalle: Zwischenmahlzeiten. Mit etwas Geschick lässt sich Gemüse aber so ergänzen, dass das Sättigungsgefühl deutlich länger anhält. Etwas Fett wirkt da fast schon Wunder. Mit den richtigen Ölen gekocht, gewinnt zudem der Geschmack deutlich. Doch keine Sorge, was die zusätzlichen Kalorien betrifft: Man braucht nicht viel Olivenöl, Sahne oder Butter, um eine Mahlzeit gekonnt zu verfeinern. Solche Gerichte sind absolute Schlankmacher. Ihre Energiedichte bleibt trotzdem im „grünen" Bereich.

Natürlich lassen sich Gemüsegerichte auch mit anderen Lebensmitteln aufpeppen. Egal ob Fleisch, Speck oder Käse, die Idee ist immer die gleiche: Das Geschmacksspektrum wird kräftig erweitert, der Sättigungseffekt wird verstärkt, und der Kaloriengehalt bleibt aufgrund des großen Gemüseanteils völlig im Rahmen.

Solche Gerichte schmecken der ganzen Familie, haben überhaupt keinen Diätcharakter und lassen einen kulinarisch nichts vermissen.

GEFÜLLTE PAPRIKA

AUF RADICCHIO-SALAT

Energiedichte: 0,8 kcal/g

ZUBEREITUNG:

Die Kartoffeln kochen, mit kaltem Wasser abschrecken, schälen und in Scheiben schneiden. Die Knoblauchzehe und die Petersilie klein hacken.

Das Hackfleisch mit dem Knoblauch und der Petersilie vermischen. Mit Pfeffer, Salz und Chiliflocken würzen.

Die Paprikaschoten waschen. Von den roten Schoten den Strunk/Deckel und die Samen entfernen. Eine halbe gelbe Paprika klein würfeln.

Abwechselnd Hackfleisch, gelbe Paprika und Kartoffelscheiben in die roten Paprikaschoten schichten.

Im vorgeheizten Backofen bei 180 °C (Umluft) abgedeckt ca. 30 Minuten backen. Dann den Käse darüberstreuen und weitere 15 Minuten backen, bis der Käse goldbraun ist.

Für den bunten Salat die Zutaten waschen. Die gelbe Paprika in Streifen, die Lauchzwiebel in Ringe schneiden. Das Ganze mit einem leckeren Dressing aus Oliven- oder Chiliöl und Apfelessig anmachen. Die gefüllten Paprikaschoten auf dem Salat anrichten.

ZUTATEN FÜR 2 PERSONEN

150 g Kartoffeln
1 Knoblauchzehe
etwas glatte Petersilie
200 g mageres gemischtes Hackfleisch
Pfeffer, Salz
Chiliflocken
2 große rote Paprikaschoten
1/2 gelbe Paprikaschote
50 g geriebener Käse

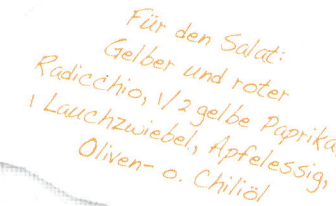

Für den Salat:
Gelber und roter Radicchio, 1/2 gelbe Paprika, 1 Lauchzwiebel, Apfelessig, Oliven- o. Chiliöl

ENERGIEDICHTE-BEISPIEL

GEFÜLLTE PAPRIKA

Ein Blick auf die Zutatenliste verrät schon, dass man mit den gefüllten Paprikaschoten höchst genussvoll abnehmen kann: viel Gemüse, mageres Hackfleisch und außer einer Handvoll Käse keine Dickmacher.

Die Berechnung der Energiedichte belegt das im Detail:

Lebensmittel	kcal/g	g	kcal	
Kartoffeln	0,7	150	105	×
Knoblauch	1,4	10	14	×
Petersilie	0,5	10	5	×
Hackfleisch, gemischt, mager	1,6	200	320	×
Paprika, rot	0,4	400	160	×
Paprika, gelb	0,3	80	24	×
Käse, gerieben (45% F.i.Tr.)	3,7	50	185	×
ED / Summen	0,9	900	813	

Die Energiedichte von 0,8 kcal/g erhält man, wenn man die 813 kcal durch die 900 Gramm dividiert. Also die Kaloriensumme aller Zutaten durch ihr Gesamtgewicht. (Man darf nicht den Fehler machen und die einzelnen Energiedichtewerte zusammenzählen und durch die Anzahl der Zutaten teilen. So würde man nicht berücksichtigen, dass die Zutaten in ganz unterschiedlichen Mengen verwendet werden.)

Keine Sorge übrigens, was die Energiedichte ganzer Mahlzeiten betrifft. Bei jedem Gericht in diesem Buch ist sie angegeben. Und für eigene Rezepte lässt sie sich ganz einfach mit dem Vibono-Energiedichte-Rechner ausrechnen (www.vibono.de/ ED-Rechner).

Zubereitung:

Die Hähnchenbrustfilets in Streifen/Stücke schneiden, in einer Pfanne mit dem Rapsöl anbraten und mit Pfeffer und Salz würzen.

Die Süßkartoffeln schälen, halbieren und in ca. 1 cm dicke Scheiben schneiden. Die Röschen vom Romanesco in Salzwasser bissfest garen (ca. 10-15 Min.).

Die Röschen vom Brokkoli kurz in heißem Salzwasser blanchieren (einfach kurz zum Romanesco geben). Die Zwiebeln und die Lauchzwiebeln in Ringe, die Paprika in Streifen und den Chicorée in Stücke schneiden.

Die Süßkartoffeln und die Prinzessbohnen mit der Gemüsebrühe in die Pfanne geben. Danach die Paprika, die Zwiebeln und den Romanesco mitdünsten.

Zum Schluss den Chicorée, den Mais und den Brokkoli kurz in der Pfanne mitgaren und die Hähnchenbrustfiletstreifen dazugeben. Eventuell mit Pfeffer, Salz und Kräutern abschmecken. Auf dem Teller die Lauchzwiebelringe auf die Gemüsepfanne geben und servieren.

Zutaten für 4 Personen

500 g Hähnchenbrustfilet
      (oder Putenbrustfilet)
1 EL Rapsöl
400 g Süßkartoffeln
300 g Romanesco
300 g Brokkoli
2 rote Zwiebeln
3 Lauchzwiebeln
1 rote Paprikaschote
200 g Chicorée
150 g Prinzessbohnen
100 ml Gemüsebrühe
5 EL Mais (aus der Dose)
Pfeffer, Salz, ital. Kräuter

Gemüse-Süßkartoffel-Pfanne

Energiedichte: 0,6 kcal/g

Wirsing mit Hackbällchen

Energiedichte: 0,7 kcal/g

Zubereitung:

Die äußeren Blätter und den Strunk des Wirsings entfernen. Den Wirsing in feine Streifen schneiden.

2 Zwiebeln schälen und achteln und in einem Topf oder einer großen Pfanne im heißen Öl dünsten. Die Gemüsebrühe angießen und mit Muskat, Pfeffer und Kümmel würzen. Den Wirsing hinzufügen und mit geschlossenem Deckel in ca. 20 Min. bissfest dünsten. Die Sahne dazugeben und kurz weiterköcheln, aber nicht zerkochen lassen. Abschmecken.

Währenddessen das Hackfleisch mit Pfeffer und Salz würzen. Die letzte Zwiebel und die Paprika in kleine Würfel schneiden und zusammen mit dem Ei mit dem Hackfleisch gut vermengen. Kleine Hackbällchen formen und auf ein Backblech mit Backpapier legen. Im vorgeheizten Backofen bei 180-200 °C (Umluft) – je nach Größe der Hackbällchen – 20-30 Minuten garen.

Die Hackbällchen in einem Wirsingnest servieren.

Zutaten für 4 Personen

1 Wirsing (ca. 1 kg)
3 Zwiebeln
1 EL Rapsöl
500 ml Gemüsebrühe
1 TL ger. Muskatnuss
1-2 TL Kümmelsamen
100 ml Sahne
500 g mageres Hackfleisch
1/4 rote Paprikaschote
Salz, Pfeffer
1 Ei

Zubereitung:

Den Blumenkohl in ca. 10 Min. bissfest kochen und mit kaltem Wasser abschrecken.

Das Hackfleisch mit dem Ei, Pfeffer, Salz, der klein gewürfelten Zwiebel und dem körnigen Frischkäse vermengen. Den Strunk des Blumenkohl zerquetschen und mit dem geriebenen Käse und dem in kleine Stück geschnittenen Schinken vermengen. 2 Frikadellen formen und in der Mitte die Blumen-kohl-Käse-Schinken-Mischung einbetten. Auf ein mit Backpapier ausgelegtes Backblech legen und bei 180°C (Umluft) ca. 45 Minuten garen.

Die Kartoffeln schälen und in Salzwasser garen, abschrecken und in Scheiben schneiden. Zusammen mit den Blumenkohlröschen in eine kleine Auf-laufform legen, den Kräuterfrischkäse darüber verteilen und abgedeckt bei 180°C (Umluft) ca. 10-15 Minuten im Ofen backen.

Auf einem Teller den Salat anrichten. Den Kartoffel-Blumenkohl-Gratin darauf verteilen. Die halbierten Tomaten und die Lauchzwiebel-ringe darüber geben. Die Frikadel-len aufschneiden und dazu legen.

Zutaten für 2 Personen

Für die Frikadellen:
400 g gemischtes Hackfleisch
1 Ei
Pfeffer, Salz
1 Zwiebel
100 g körniger Frischkäse
100 g Blumenkohl (den Strunk)
20 g magerer roher Schinken
20 g geriebener Käse

Für die Gemüsebeilage:
100 g Kartoffeln
200 g Blumenkohl (die Röschen)
2 EL Kräuterfrischkäse
60 g Schnittsalat
1 Lauchzwiebel
4 Cocktailtomaten

Blumenkohl-Frikadellen

Energiedichte: 1,2 kcal/g

Schopska-Spieße

Energiedichte: 0,8 kcal/g

Zubereitung:

Einen Teil der Gurke in Stücke und die andere Hälfte in dünne Streifen schneiden. Die Schalotte und ein wenig Petersilie klein hacken.

Den Schafskäse in acht Würfel schneiden. Je einen Würfel auf einen Streifen Gurke legen, Kräutersalz und gehackte Petersilie dazugeben und mit der Gurke einwickeln.

Tomaten, Schafskäsewürfel und Petersilienblättchen abwechselnd aufspießen und mit den Schalottenwürfeln bestreuen.

Für 4 Spieße

8 Stk. Gurke (80 g)
8 Streifen Gurke (80 g)
1 Schalotte (ca. 25 g)
glatte Petersilie
100 g Schafskäse
Kräutersalz
12 Cocktailtomaten

KARTOFFEL-GEMÜSE-PUFFER

Energiedichte: 0,8 kcal/g

ZUTATEN FÜR 2 PERSONEN

Puffer:
300 g Kartoffeln
150 g Karotten
150 g Zucchini
1 Zwiebel
1 Ei
30 g Vibono Pur Eiweißpulver (o. Mehl)
Pfeffer, Salz
1 EL Rapsöl

Auberginen- und Zucchini-Röllchen:
100 g Zucchini
100 g Aubergine
160 g Schafskäse

Tomaten-Knoblauch-Dip:
250 g Tomaten
1 Knoblauchzehe
Kräutersalz
frischer Basilikum
4 Cocktailtomaten

ZUBEREITUNG:

Puffer:
Kartoffeln, Karotten und Zucchini reiben, ausdrücken und die Flüssigkeit abgießen. Die Zwiebel klein schneiden. Alles mit dem Ei und dem Eiweißpulver gut vermengen und würzen. Handteller große Puffer formen und in einer beschichteten Pfanne im Öl bei mittlerer Hitze goldbraun braten.

Röllchen:
Von der Aubergine und der Zucchini je 4 Längsstreifen schneiden (ca. 2 mm dick), und diese in einer beschichteten Pfanne ohne Öl kurz anbraten. Den Schafskäse in 8 Streifen schneiden, in die Gemüsestreifen einwickeln und im vorgeheizten Ofen bei 180°C (Umluft) ca. 15 Min. garen.

Dip:
Die Tomaten klein würfeln und mit einer fein gehackten Knoblauchzehe bei mittlerer Hitze in einer beschichteten Pfanne andünsten und mit Kräutersalz abschmecken. Etwas Basilikum klein schneiden und zu den Tomaten geben. Alles zusammen mit dem Pürierstab pürieren.

Als Deko, und auch weil es lecker ist, eignen sich ein paar kleine Cocktailtomaten und etwas Basilikum. :)

REZEPTE VEGETARISCH MACHEN

Wer nichts gegen den Konsum von Fleisch hat, isst es hauptsächlich, weil es schmeckt. Zudem sättigt es und enthält bei hohem Eiweißgehalt wenig Kalorien. Wenn die Waage nervt, ist es also eine sehr abnehmtaugliche Zutat.

Natürlich gibt es auch gute Gründe, auf Fleisch zu verzichten: aus ethischen oder Umweltschutzgründen beispielsweise. Dann steht man häufig vor Rezepten, die Fleisch enthalten, und der Herausforderung, diese vegetarisch umzugestalten.

In manchen Fällen kann man das Fleisch einfach weglassen. Bei einem Salat mit Putenbruststreifen geht das. Bei anderen Gerichten wäre das aber wie ein Film ohne Hauptdarsteller. Bei Schweinebraten zum Beispiel. Die einfachste Alternative ist in solchen Fällen, das tierische Eiweiß durch pflanzliches Eiweiß zu ersetzen. Durch Tofu, Seitan, Lupinen oder Grünkern beispielsweise. Natürlich muss man dann die Zubereitung entsprechend anpassen.

Oftmals kann man Fleischzutaten auch durch andere Alternativen ersetzen. Statt Putenstreifen zum Salat, kann man Schafskäse verwenden. Statt Speck Pilze. Wer offen für Neues ist, kann sein bislang gewohntes Zutatenportfolio kräftig erweitern und völlig neue Aromen entdecken – nicht zuletzt durch fremde Kräuter und Gewürze.

Will man Gerichte nicht nur vegetarisch, sondern sogar vegan umgestalten, wird es nochmal schwieriger, weil das Spektrum der erlaubten Lebensmittel noch schmaler wird. Mitunter ist es dann einfacher, von vornherein auf vegane Rezepte auszuweichen.

SPARGEL

Zu Spargel passen Rucola, Schinken, Fleisch, Tomaten, Käse, Kartoffeln und sogar Erdbeeren. Und natürlich noch viele andere Lebensmittel. Seiner Zubereitung sind kaum Grenzen gesetzt.

Man kann ihn gedünstet als Hauptspeise genießen oder als begleitende Beilage. Er harmoniert mit Fleisch und Gemüse, erfreut mit zerlassener Butter genauso wie mit frischen Kräutern. Und zu seinen Fans gehören Weinkenner genauso wie eingeschworene Wassertrinker.

Vor allem aber begeistert er alle, die genussvoll abnehmen möchten. Denn mit seiner niedrigen Energie-dichte von gerade einmal 0,2 kcal/g ist er der perfekte Schlankmacher. Die Spargelzeit ist daher ideal, um mit der besten Art des Ab-nehmens zu beginnen: mit viel Genuss und guter Laune!

Deutschlands beliebtester Schlankmacher

Endiviensalat mit Spargel

Energiedichte: 0,8 kcal/g

Zubereitung:

Den Endiviensalat und die Lauchzwiebeln waschen und in Ringe schneiden. Die Pinienkerne in einer Pfanne (ohne Öl) kurz rösten.

Den bissfest gekochten Spargel in der Pfanne mit etwas Öl anbraten. Alles zusammenmischen und auf dem Teller anrichten. Zum Schluss den rohen Schinken in Röllchen auf den Salat legen und das Dressing darüber geben.

Für 2 Portionen

300 g Endiviensalat
3 Lauchzwiebeln
50 g Pinienkerne
400 g Spargel
1 EL Rapsöl
50 g roher Schinken

Dressing aus:
2 EL Pistazienkernöl
    (o. Olivenöl)
2 EL Apfelessig
1 TL (Orangen-)Meerettich
2 EL Wasser

Zubereitung:

Den Spargel bissfest kochen, gut abtropfen lassen und je 2-3 Stangen mit einer Scheibe rohem Schinken umwickeln. Die Honigmelone in Streifen schneiden (Schale abmachen) und mit je einer Scheibe Schinken umwickeln.

Den Steakpfeffer auf einen Teller geben und den Rand des Rumpsteak mit dem Pfeffer würzen. Die Steaks in einer Pfanne mit einem EL heißem Öl braten und danach mit Pfeffer und Salz nach Geschmack würzen.

Den Endiviensalat waschen und in Streifen schneiden, auf einen Teller legen und darauf den Spargel und die Honigmelone anrichten. Zum Schluss das Steak dazugeben und das Gericht genießen. ;)

Zutaten für 2 Personen

300 g Spargel
60 g magerer roher Schinken
300 g Honigmelone
2 Rumpsteaks á 200 g
Steakpfeffer
1 EL Rapsöl
Salz, Pfeffer
100 g Endiviensalat

Rumpsteak mit Spargel

Energiedichte: 0,8 kcal/g

Hackfleisch-Spargel-Roulade

Energiedichte: 1,0 kcal/g

Zutaten für 3 Personen

ROULADE

4-5 Stangen weißen Spargel
500 g mageres Hackfleisch
Pfeffer, Salz
1 Zwiebel
1 Ei
2 gehäufte EL Flohsamenschalen
4 Scheiben Kochschinken
50 g geriebener Käse

SALAT

100 g Chicorée
100 g Cocktailtomaten
100 g Feldsalat
1/2 rote o. orange Paprikaschote
3 Stangen weißen Spargel

FRUCHTIGES SENF-DRESSING

2 EL Apfelessig
2 TL süßer Senf
1 EL Honig
1 EL Olivenöl
3 EL Wasser
evtl. TK-Kräuter

Zubereitung

Allen Spargel (auch den für den Salat) schälen und im Salzwasser in ca. 10 Min. bissfest garen.

Das Hackfleisch mit Pfeffer und Salz würzen und die Zwiebel, das Ei und die Flohsamenschalen dazugeben. Die Hackfleischmasse auf Backpapier verteilen und zu einem Viereck formen (wie Pizzateig).

Den Schinken auf das Hackfleisch geben, die Spargelstangen darauflegen und mit dem Käse bestreuen. Alles mithilfe des Backpapiers zu einer Rolle formen und in den vorgeheizten Backofen auf ein Backblech legen (auf dem Backpapier lassen). Bei 180 C (Umluft) etwa 45 Minuten garen, und danach die Hackfleisch-Spargel-Roulade in ca. 2 cm breite Streifen schneiden.

Während die Roulade im Ofen ist, einen leckeren Salat aus den angegebenen Zutaten kreieren und alles auf einem Teller servieren.

Zutaten für 4 Personen

500 g Schweinefilet
6-7 Scheiben
    Schwarzwälder Schinken
1 kg Kartoffeln
ca. 100 ml Milch
30 g Butter
Muskat, Salz
300 g grüner Spargel
300 g weißer Spargel
3 Schalotten
2 rote Zwiebeln
2 EL Rapsöl

Für die Marinade:
1 EL Honig
2 EL Senf
Orangenpfeffer/Pfeffer

Zubereitung:

Schweinefilet:
Für die Marinade den Honig, den Senf und etwas Pfeffer vermischen. Das Schweinefilet damit einreiben und mit dem Schwarzwälder Schinken umwickeln. Das Schweine-filet in der Pfanne in 1 EL Öl von allen Seiten kurz anbraten und dann auf ein mit Backpapier ausgelegtes Backblech legen und im vorgeheizten Ofen bei 160 C (Umluft) ca. 20 Min. garen (je nach Dicke des Filets).

Kartoffelbrei:
Die Kartoffeln schälen, klein schnippeln und in Salzwas-ser kochen. Das Wasser abgießen und die Kartoffeln mit dem Kartoffelstampfer „quetschen". Nach und nach die Milch dazugießen. Zum Schluss die Butter zugeben und mit Salz und frisch geriebener Muskatnuss abschmecken.

Spargel:
Den Spargel schälen und bis zur Hälfte in schmale Scheiben schneiden. Die Spargelspitzen in Salzwasser bissfest kochen.

Zwiebel-Spargel-Gemüse:
Die Schalotten und die roten Zwiebeln in dünne Ringe schneiden und mit den Spargelscheiben in 1 EL Öl in der Pfanne anbraten. Immer wieder mit ein wenig Wasser ablöschen. (Dadurch werden die Zwiebeln schön glasig, ohne anzubrennen und ohne weiteres Öl zu benötigen). Zum Schluss noch mit Orangenpfeffer würzen.

Alles gemeinsam auf einem Teller anrichten.

Schweinefilet

im Honig-Speck-Mantel

Energiedichte: 0,9 kcal/g

Spargelspieß

Energiedichte: 0,9 kcal/g

Zubereitung:

Den weißen Spargel schälen, im Salzwasser bissfest kochen und mit kaltem Wasser abschrecken. Den weißen und den grünen Spargel in ingesamt 40 Stücke schneiden und in heißem Öl anbraten. Mit dem Pfeffer würzen. Den Kochschinken und den geräucherten Schinken mit Meerrettich bestreichen und je ein Stück Spargel damit einwickeln.

Den Knoblauch klein hacken und mit den Peperoni in 1 EL heißem Öl kurz anbraten. Alle Zutaten abwechselnd aufspießen und den geriebenen Parmesan darüber streuen.

Zutaten für 2 Personen (8 Spieße)

8 Stangen weißer Spargel
6 Stangen grüner Spargel
8 Scheiben Kochschinken
8 Scheiben mageren geräucherten
   Schinken
8 TL Meerrettich
Orangenpfeffer/Pfeffer
8 Peperoni, grün
2 Knoblauchzehen
2 TL Rapsöl
20 g Parmesan

ZUBEREITUNG:

Den Spargel bissfest kochen und gut abtropfen lassen.

Die Kartoffeln mit der Schale kochen, pellen und in Scheiben schneiden.

Die Kartoffelscheiben, den Spargel, den Schinken und den Käse in eine Auflauf-form schichten, dabei immer die Kartof-felschichten würzen. Im vorgeheizten Backofen abgedeckt bei 180 C (Umluft) ca. 20 Minuten backen.

Dazu passt super ein frischer Frühlingssalat!

ZUTATEN FÜR 4 PERSONEN

1 kg weißer Spargel
750 g Kartoffeln
250 g Kochschinken
200 g geriebener Käse
Pfeffer, Salz

SPARGEL-KARTOFFEL-LASAGNE

Energiedichte: 0,8 kcal/g

SALATE

Der Blick in die Energiedichte-Tabelle zeigt schnell, wie gut sich mit einem Salat samt Fleischbeilage abnehmen lässt. Blattsalate oder Salate mit Tomaten und anderem Gemüse haben ohne Dressing kaum mehr als 0,2 kcal/g. Ein leckeres Dressing hebt die Energiedichte allenfalls in der ersten Nachkommastelle etwas an.

Das Gemüse mit Fleisch zu garnieren, ist eine beliebte Idee, um eine weitere Geschmackskomponente hinzuzubringen. Ob man dies mit einer gebratenen Hähnchen- oder Putenbrust tut oder Rindfleisch oder gar Lamm bevorzugt, ist reine Geschmackssache. Verwendet man mageres Fleisch, ist dessen Energiedichte „grün" und die des Gesamtgerichts bleibt es natürlich auch.

Weil die Kombination aus Fleisch und Salat fast immer unter 1,0 kcal/g liegt, lässt sie noch sehr viel Spielraum für Toppings, die für sich genommen Dickmacher wären: zum Beispiel Käse, Pinienkerne oder sogar Croûtons oder angebratener Speck. Man kann sich da nach Herzenslust austoben.

Dank der Fleischbeilage machen Salate zudem länger satt und werden bei vielen gerade erst dadurch zu einer vollwertigen Mahlzeit. Und manche Männer lassen sich mit dem Fleischargument auch erst zum Mitessen bewegen.

SALAT MIT OBST UND KOKOSHÄHNCHEN

Energiedichte: 1,0 kcal/g

44

ZUBEREITUNG:

Wo nötig, die Zutaten waschen. Radicchio und Fenchel in Streifen schneiden. Radieschen in Scheiben und Lauchzwiebeln in Ringe schneiden. Die Mini-Paprikas mit dem Schafskäse füllen und in Scheiben schneiden. Ananas und Orange in Stücke schneiden und Erdbeeren halbieren oder vierteln.

Das Hähnchenbrustfilet klein schneiden und in einer Pfanne (ohne Öl) braten. Mit Salz, Pfeffer und Chili würzen. Die Pfanne von der Herdplatte nehmen, den Honig dazugeben und die Hähnchenstücke darin schwenken. Die Kokosflocken auf einen Teller geben und die fertigen Hähnchenstücke darin wenden.

Den Pflücksalat, den Rucola, den Fenchel und die Radieschen mit der Ananas, den Erdbeeren und der Orange auf dem Teller anrichten. Nüsse, Schafskäse-Paprikascheiben und Hähnchenstücke auf dem Salat verteilen. Zum Schluss die Lauchzwiebelringe und das Dressing auf den Salat geben.

ZUTATEN FÜR 2 PERSONEN

40 g Pflücksalat
25 g Rucola
100 g Radicchio
50 g Fenchel
4-5 Mini-Paprika
2-3 Radieschen
2 Lauchzwiebeln
150 g Ananasstücke
1 Orange

100 g Erdbeeren
100 g Schafskäse
300 g Hähnchen-
   brustfilet
40 g Walnüsse
Pfeffer, Salz,
Chiliflocken
1 EL Honig
2 EL Kokosflocken

Erdbeer-Orangen-Dressing:
2 EL Erdbeeressig
30 ml frischer Orangensaft
1 EL süßer Senf
1 EL Honig
1 EL Olivenöl

Zubereitung:

Die Pfirsiche und den Schafskäse in Stücke schneiden. Von der Wassermelone Bällchen ausstechen. Alles mit dem Rucola mischen und die Walnusshälften dazugeben.

Verfeinern kann man den Salat noch mit ein wenig Pfirsichessig oder einem anderen Fruchtessig.

Für 2 Portionen

150 g Wassermelone
2 weiße Bergpfirsiche
50 g Schafskäse
40 g Rucola
20 g Walnüsse
Fruchtessig

Als Beilage

Melonen-Pfirsich-Schafskäse-Salat

Bunter Salat mit Hähnchenbrustfilet

Energiedichte: 0,8 kcal/g

Zutaten für 2 Personen

200 g Salat (Eichblatt-, Eisberg-, Feldsalat o. Lollo Rosso ...)

1 rote Zwiebel

100 g Mini-Paprika

80 g Gurke

100 g Cocktailtomaten

50 g Radieschen

100 g Mairübchen

2 Lauchzwiebeln

4 EL Mais (aus der Dose)

100 g Feta

30 g Pinienkerne

300 g Hähnchenbrustfilet

Salz, Pfeffer, Chiliflocken

Fruchtiges Senf-Dressing

(s. S. 35)

Zubereitung:

Wo nötig, Zutaten waschen und klein schneiden. Die Minipaprika mit dem Feta füllen. Die Pinienkerne in einer Pfanne (ohne Öl) kurz rösten.

Das Hähnchenbrustfilet in kurze Streifen schneiden und in einer Pfanne (ohne Öl) braten. Mit Salz, Pfeffer und Chili würzen.

Die Salatblätter auf dem Teller anrichten und die anderen Zutaten darauf verteilen. Die Hähnchenstücke und die Pinienkerne zuletzt auflegen bzw. darüberstreuen und ganz zum Schluss das fruchtige Senf-Dressing darübergießen.

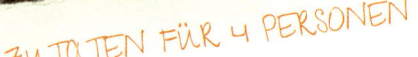

ZUTATEN FÜR 4 PERSONEN

- 4 Stauden Chicorée
- 100 g Salat (Eisbergsalat, Lollo Rosso)
- 50 g Feldsalat
- 30 g Rucola
- 1/2 gelbe Paprikaschote
- 100 g Cocktailtomaten
- 4 Radieschen
- 2 Lauchzwiebeln
- 4 EL Mais (aus der Dose)
- 400 g Schweinefilet
- 4-5 Zwiebeln
- 2 EL Himbeeressig
- 4 EL Chiliöl
- 2 EL Rapsöl
- Salz, Pfeffer, Chilisalz

ZUBEREITUNG:

12-16 Chicorée-Außenblätter beiseite legen. Den Salat und das Gemüse bis auf die Zwiebeln waschen und klein schneiden. Die Chicoréeblätter auf dem Teller anrichten, und die anderen Zutaten darauf verteilen.

Das Schweinefilet waschen, trocken tupfen, in ca. 2 cm dicke Medaillons schneiden und in einer Pfanne in heißem Rapsöl braten. Mit Salz und Pfeffer würzen.

Die Zwiebeln in Ringe schneiden und in einer Pfanne mit Rapsöl anbraten (evtl. mit ein wenig Wasser ablöschen). Mit Chilisalz würzen.

Aus dem Himbeeressig, dem Chiliöl und ggf. etwas Wasser ein Dressing anrühren und über den Salat geben. Die Schweine-medaillons und die Zwiebeln auf dem Salat anrichten.

SALAT MIT SCHWEINEMEDAILLONS

Energiedichte: 0,8 kcal/g

SUPPEN

Köstliche Magenfüller

Suppen sind super! Sie schmecken toll, sind schnell zubereitet und leiten eine Mahlzeit sehr sinnvoll ein. Denn sie füllen den Magen und helfen damit, einem häufigen Fehler beim Abnehmen zu begegnen: Nämlich dem, dass man sich überisst.

Wer kennt das nicht? Es schmeckt sehr lecker und man schöpft nochmal nach, isst womöglich etwas zu schnell und stellt hinterher fest, dass die Hose spannt. Das liegt daran, dass das Sättigungsgefühl, vom Magen gesendet, mit einer Verzögerung von etwa fünfzehn Minuten im Gehirn eintrifft. Schlürft man vorneweg eine Suppe, verspürt man das „Sattsein" meist rechtzeitig und hört früher auf zu essen. Den gleichen Effekt kann man auch erzielen, wenn man vor einer Mahlzeit ein großes Glas Wasser trinkt. Aber erstens sättigt Wasser deutlich weniger als eine gehaltvollere Suppe und – ganz ehrlich – wer würde angesichts so leckerer Suppenrezepte von Nancy lieber pures Wasser trinken?

KARTOFFELSUPPE

Energiedichte: 0,4 kcal/g

ZUTATEN FÜR 6-8 PERSONEN

1,5 kg Kartoffeln
400 g Karotten
350 g Lauch
300 g Zwiebeln
3 Liter Wasser
2 Brühwürfel
Pfeffer, Salz
glatte Petersilie
getrocknete Pilze
250 g Wiener Würstchen
2 Miniwiener je Teller
2 EL Rapsöl

ZUBEREITUNG:

Die Kartoffeln schälen, in kleine Würfel schneiden und in 3 Liter Wasser (mit Salz) garen. Die Karotten schälen, in Stücke schneiden und zu den Kartoffeln geben. Den Lauch klein schneiden und mit den Brühwürfeln in den Topf geben, wenn die Kartoffeln und Karotten fast weich sind.

Die Zwiebeln in grobe Würfel schneiden und in einer Pfanne mit Öl anbraten. Mit dem Pürierstab die Kartoffeln und die Karotten im Topf grob zerkleinern/pürieren, so braucht man die Suppe nicht mehr anzudicken. Die getrockneten Pilze und die Zwiebeln mit in den Topf geben, mit Salz und Pfeffer abschmecken und die Suppe bei geringer Temperatur ein wenig köcheln lassen.

Die Wiener in Scheiben schneiden, in Öl anbraten und mit der Petersilie in den Topf geben. Wem die Wienerstückchen zu wenig sind, der bekommt noch ein Paar Miniwiener auf den Teller ;-)

Zutaten für 6–8 Personen

3 Liter Wasser
1 Hähnchen o. 8 Hähnchenschenkel
6–8 Karotten
1–2 Lauchstangen
2–3 Zwiebeln
Gemüsebrühe/Brühwürfel
Salz
Petersilie

Tipp: Suppe kann man gut vor-
kochen, an zwei Tagen essen oder
einen Teil davon einfrieren!

Zubereitung:

Das Wasser salzen und mit dem Hähnchen
zum Kochen bringen. Mit geschlossenem
Deckel köcheln lassen bis das Fleisch
weich ist. Dann abkühlen lassen.

Das Gemüse waschen und klein schneiden.
Das Hähnchenfleisch auslösen.

Die Gemüsebrühe/Brühwürfel und die
klein geschnittenen Karotten in den Topf
geben und ziehen lassen, bis die Karotten
bissfest sind. Dann den Lauch, die Zwiebeln und das Hähnchenfleisch dazugeben.

Damit die Vitamine nicht verloren gehen, die
Petersilie erst in die Suppe geben, wenn
diese bereits im Teller ist.

Hähnchensuppe

Energiedichte: 0,4 kcal/g

Kürbis-Karotten-Suppe

Energiedichte: 0,7 kcal/g

Zubereitung:

Den Kürbis schälen und entkernen, die Karotten schälen und beides in kleine Stücke schneiden.

Die Zwiebel und eine Knoblauchzehe sehr klein schneiden und in einem Topf in Butter 3 Minuten andünsten. Den Kürbis und die Karotten dazugeben. Eine halbe Chilischote klein hacken und mit dem Wasser, den Brühwürfeln, dem Vibono Pur und dem Pfeffer ebenfalls in den Topf geben. Alles gut verrühren und 15 Min. lang köcheln lassen. Dann die Kokosmilch (bis auf einen kleinen Rest zum späteren Verzieren) dazugießen und die Suppe mit dem Stabmixer fein pürieren.

Die Garnelenspieße in heißem Öl in einer Pfanne anbraten. Eine Knoblauchzehe grob hacken und mit dem Zitronensaft hinzufügen. Die Garnelenspieße nun von beiden Seiten fertigbraten.

Die Suppe in Teller füllen und mit Walnusshälften, feinen Chilischotenringen, Petersilie und ein wenig Kokosmilch dekorieren. Je einen Garnelenspieß als Beilage auf den Tellerrand legen.

Zutaten für 4 Personen

350 g Butternusskürbis
150 g Karotten
1 Zwiebel
2 Knoblauchzehen
2 TL Butter
1 Chilischote
600 ml Wasser
2 Brühwürfel

25 g Vibono Pur Eiweißpulver
1/2 TL Pfeffer
100 g Kokosmilch
1 EL Sesamöl (o. Rapsöl)
4 Garnelenspieße
1/2 Zitrone
ca. 10 Walnusskerne
Petersilie

DARF MAN BROT ZUR SUPPE ESSEN ODER NICHT?

Eine einfache Rechenaufgabe: Wie verändert sich die Energiedichte der Mahlzeit, wenn man zu 500 Gramm Suppe mit einer Energiedichte von 0,6 kcal/g 50 Gramm Vollkornbrot isst?

Die Antwort lautet: Sie steigt auf 0,7 kcal/g.

Wer von einer Suppe allein bis zur nächsten Mahlzeit nicht satt wird, darf also gerne eine oder zwei Scheiben Vollkornbrot dazu essen. Und wem Brot zur Suppe einfach gut schmeckt, darf es zukünftig zudem mit gutem Gewissen genießen.

NUDELGERICHTE

Pizza und Pasta, Tiramisu und Panna cotta, Rotwein und Aperol Spritz lassen einen zunächst nicht ans Abnehmen denken. Aber doch lässt sich von der italienischen Küche vieles abschauen, wenn man ungeliebte Pfunde loswerden möchte.

Das Wichtigste, was man von den Italienern lernen kann, ist die Kompetenz und Liebe bezüglich frischer Zutaten. Wer jemals auf einem italienischen Markt war, hat die Bilder von Menschen vor Augen, die an Tomaten, Zitronen oder Melonen schnüffeln oder den Reifegrad von Auberginen, Zucchini oder Avocados ertasten. Über frisch gefangene Fische wird mit allen Gliedmaßen gestikulierend gestritten und über die Zubereitungsmöglichkeiten mit großer Ernsthaftigkeit diskutiert.

Kein Wunder, dass bei so viel Leidenschaft fürs Essen grandiose Rezepte herauskommen. Um sie zu entdecken, muss man natürlich ein wenig hinter die Speisekarten der deutschen Durchschnittspizzerias schauen. Für den Anfang reicht jedoch auch ein Blick auf die folgenden Seiten. Nancys Nudelgerichte haben alle eine „grüne" Energiedichte und machen Lust auf weitere mediterrane Genüsse.

Abnehmen auf italienische Art

LASAGNE MIT BOLOGNESE

Energiedichte: 1,1 kcal/g

ZUBEREITUNG:

Das Gemüse waschen und putzen, die Zwiebeln und den Knoblauch schälen. Die Karotten und die Zwiebeln in kleine Würfel schneiden. Die Zucchini in feine Stifte hobeln, den Knoblauch fein hacken. Die Tomaten in Würfel, den Lauch in Ringe, die Paprika in Streifen und die Champignons in Scheiben schneiden.

Die Zwiebeln im Olivenöl anbraten, das Hackfleisch und die Karotten hinzugeben und anbraten. Die Champignons dazugeben. Anschließend die Paprikastreifen, die Zucchinistifte, die Lauchringe sowie den Knoblauch hinzugeben. Das Tomatenmark in die Pfanne geben, unterrühren und mit der Brühe ablöschen. Nochmal aufkochen. Das Lorbeerblatt, die Tomatenwürfel und die Dosentomaten hinzugeben. Alles kräftig mit Pfeffer, Oregano, Thymian, Paprika und wenig Salz abschmecken. Die Soße etwa 10 Min. köcheln lassen. Wenn sie zu flüssig ist, ohne Deckel, ansonsten mit.

Die Lasagneplatten und die Sauce in einer Auflaufform schichten, ab und zu einen kleinen Klecks Crème fraîche auf die Sauce tupfen. Zum Schluss den geriebenen Käse darüberstreuen und mit Alufolie abdecken. Im vorgeheizten Ofen bei 180°C (Umluft) ca. 40 Minuten backen. Nach ca. 30 Min. die Alufolie entfernen, damit der Käse schön braun wird. Mit gehackter Petersilie bestreut servieren.

ZUTATEN FÜR 5-6 PERSONEN

- 4 Karotten
- 2 Zwiebeln
- 2 Knoblauchzehen
- 1 gelbe o. rote Paprikaschote
- 1 Lauchstange
- 1 Zucchini
- 200 g Champignons
- 2 große Tomaten
- 500 g Rinderhackfleisch
- 1 Lorbeerblatt
- 100 ml Gemüsebrühe
- 1 Dose Pizzatomaten
- 1/2 Tube Tomatenmark
- 100 g geriebener Käse
- 250 g Vollkorn-Lasagneplatten
- 100 g Crème fraîche (mit Kräutern)
- Pfeffer, Salz, Paprika rosenscharf
- Oregano, Thymian
- 2 EL Olivenöl
- frische Petersilie

Zutaten für 2 Personen

- 200 g Nudeln (Maccheroni)
- 250 g Champignons
- 200 g Cocktailtomaten
- 2 Schalotten (o. 1 rote Zwiebel)
- 2 Knoblauchzehen
- 300 g Rinderfiletstreifen
- 50 g Rucola
- Pfeffer, Salz, Chilisalz
- 1/2 Chilischote
- 1 EL Rapsöl

Zubereitung:

Die Champignons in Scheiben, die Schalotten in Ringe schneiden und die Knoblauchzehen klein hacken. Champignons, Schalotten und Knoblauch in einer Pfanne kurz anbraten (geht super ohne Öl, mit einem Schluck Wasser), mit Salz würzen. Die Nudeln kochen.

Die Cocktailtomaten halbieren und die Chilischote klein schneiden. Die Rinderfiletstreifen in einer zweiten Pfanne mit dem Öl scharf anbraten und mit etwas Pfeffer würzen. Die angebratenen Rinderfiletstreifen in die Pfanne mit den Champignons geben. Die Tomaten und die Chilischote 1 Min. in der Pfanne mitgaren und dann alles nochmals abschmecken.

Das Nudelwasser abgießen und die Nudeln in den Topf zurückgeben. Die Champignon-Rinder-filet-Pfanne mit den Nudeln mischen und den Rucola unterheben.

Auf einem Teller anrichten und noch ein wenig Chilisalz und frisch gemahlenen Pfeffer auf die Nudeln geben.

Nudeln mit Rinderfiletstreifen

Energiedichte: 0,9 kcal/g

Penne Hähnchenbrust-Ricotta

Energiedichte: 1,1 kcal/g

Zutaten für 4 Personen

- 400 g Vollkornnudeln
  (z. B. Penne Rigate)
- 500 g Hähnchenbrustfilet
- 250 g Ricotta
- 250 g TK-Blattspinat, aufgetaut
- 350 g Cocktailtomaten

- 1 Zwiebel
- 2 Knoblauchzehen
- 25 g getrocknete Tomaten
- 30 g Sahne
- 1 Schuss Weißwein
  (Wasser geht auch)
- Pfeffer, Salz, Chiliflocken
- 2 EL Sesamöl (o. Rapsöl)

Zubereitung:

Das Hähnchenbrustfilet klein schneiden und in einer Pfanne (in 1 EL Öl) anbraten, pfeffern und salzen. Das fertige Hähnchenbrustfilet zur Seite stellen. Die Nudeln al dente kochen.

Zwiebel, Knoblauchzehen und getrocknete Tomaten klein schneiden und kurz in heißem Öl anbraten. Mit dem Weißwein oder mit Wasser ablöschen und kurz köcheln lassen.

Den Blattspinat dazugeben und bei Bedarf etwas Wasser hinzufügen, pfeffern und salzen. Die Tomaten vierteln oder halbieren (kommt auf die Größe an) und mit in die Pfanne geben, kurz mitgaren lassen. Den Ricotta dazugeben, alles verrühren und bei Bedarf Sahne oder Wasser nachgießen. Die Chiliflocken einstreuen und weiter köcheln lassen. Zum Schluss die Hähnchenbrust dazugeben.

Die Sauce in einem Nest aus Penne servieren.

Zutaten für 3-4 Personen

100 g Cannelloni (10 Stück)

600 g Tomaten

200 g Schafskäse

500 g Hähnchenbrustfilet

1 Dose Pizzatomaten (400 g)

3 Knoblauchzehen

3 Schalotten

100 g Mais (aus der Dose)

2 EL Tomatenmark

Ital. Kräuter (TK)

Pizzagewürz

Pfeffer, Salz

Chiliflocken o. Chilisalz

Zubereitung:

Die Hälfte der Tomaten, die halbe Menge Schafs-käse und eine Knoblauchzehe fein würfeln, mit Pizzagewürz und Chilisalz würzen. Alles vermischen und die Cannelloni damit füllen.

Die Hähnchenbrustfilets klein schneiden, kurz anbraten und mit Pfeffer und Salz würzen. Die restlichen Tomaten grob würfeln, zwei Knoblauch-zehen fein hacken. Die Schalotten halbieren, in Streifen schneiden und zu den Hähnchenstücken in die Pfanne geben. Kurz mitbraten. Die Pizzatomaten, den Mais und die ital. Kräuter in die Pfanne geben und das Ganze mit Pfeffer, Salz und Chiliflocken/Chilisalz abschmecken.

Die mit Schafskäse gefüllten Cannelloni in eine Auflaufform legen. Die Hähnchenbrust-Tomaten-Pfanne darübergießen. Den restlichen Schafskäse in Würfel schneiden und darüberstreuen. Die Auflaufform mit Alufolie abdecken und bei 180 C (Umluft) ca. 45 Minuten garen.

CANNELLONI

mit Schafskäse & Hähnchenbrust

Energiedichte: 0,9 kcal/g

Tagliatelle mit Garnelen

Energiedichte: 1,0 kcal/g

Zutaten für 4 Personen

400 g Tagliatelle
400 g Champignons
250 g Cocktailtomaten
4 Schalotten
4 Knoblauchzehen
30 g getrocknete Tomaten
2 Lauchzwiebeln
1 Schuss Weißwein
400 g Garnelen
Pfeffer, Salz,
Chiliflocken
2 EL Rapsöl

Zubereitung:

Die Champignons in Scheiben und die Schalotten in Ringe schneiden. Die getrockneten Tomaten klein schneiden. Die Knoblauchzehen klein hacken. Die Champignons, die getrockneten Tomaten, die Schalotten und die Hälfte der Knobizehen mit einem EL Öl in einer Pfanne kurz anbraten und mit Pfeffer und Salz würzen.

Die Nudeln al dente kochen. Nach dem Abgießen des Nudelwassers die Tagliatelle in den Topf zurückgeben.

Die Garnelen mit dem restlichen Knoblauch in einer anderen Pfanne mit 1 EL Öl anbraten. Das evtl. austretende Wasser abgießen. Die Garnelen mit einem guten Schuss Weißwein ablöschen und kurz köcheln lassen.

Die Cocktailtomaten halbieren und die Lauchzwiebeln in Ringe schneiden. Die Tomaten 1 Min. in der „Gemüsepfanne" mitköcheln lassen und diese nochmal abschmecken. Die „Gemüsepfanne" dann in den Topf mit den Tagliatelle geben und gut vermischen. Zuletzt die Garnelen, den Rucola und die Lauchzwiebeln unterheben.

Auf Tellern anrichten und mit ein wenig Chiliflocken bestreuen.

KEINE LIGHT-PRODUKTE

Wir sind keine Freunde von Light-Produkten. Deswegen verwenden wir für die Rezepte in diesem Buch auch keine.

Natürlich lassen sich mit fettreduziertem Käse, „leichter" Butter oder Magerquark ein paar Kalorien einsparen. Aber darunter leidet auch der Geschmack und damit der Genuss. Bei Quark ist der 20%-ige eine sehr gute Alternative: Er schmeckt viel gehaltvoller als die Magerstufe, belastet die Energiebilanz aber deutlich weniger als die Rahmstufe. Die Energiedichtewerte der drei Fettstufen verdeutlichen das:

Magerquark: 0,7 kcal/g
20%-iger Quark: 1,0 kcal/g
40%-iger Quark: 1,4 kcal/g

Bei Butter, Sahne und Öl besteht der goldene Mittelweg darin, bei der Dosierung Vernunft walten zu lassen. Bei Fleisch und Schinken ist es allerdings sinnvoll, magere Stücke zu verwenden. Denn mehr Fett bedeutet bei diesen

Lebensmitteln nicht unbedingt auch mehr Genuss. Im Gegenteil: Gerichte mit zuviel Fett liegen nur schwerer im Magen.

Würde man in den Rezepten statt der „normalen" Produkte Lightvarianten verwenden, sänke die Energiedichte jeweils nur um 0,1 bis 0,2 kcal/g. Bei Nancys Rezepten ist es gar nicht nötig, an der letzten Kalorienecke zu sparen. Denn die Gerichte haben ohnehin alle eine „grüne" Energiedichte. Isst man sich mit ihnen satt, hat man schon alles richtig gemacht, um abzunehmen.

Man darf auch nicht außer Acht lassen, dass Fett gut sättigt. Verantwortungsvoll eingesetzt, hilft es dabei, problemlos bis zur nächsten Hauptmahlzeit durchzuhalten und nicht in die Zwischenmahlzeitfalle zu tappen.

Anstatt krampfhaft aufs Kalorienreduzieren zu achten, ist ein gelassener, aber kompetenter Umgang mit Lebensmitteln viel zielführender. Dann schmeckt's nämlich besser, und man gerät gar nicht erst auf die Diätschiene, sondern man ernährt sich einfach nur ausgewogen und gesund. Eine bessere Art abzunehmen, gibt es sowieso nicht.

FLEISCHGERICHTE

Wieso Fleisch dünn und Wurst dick macht

Man kann immer wieder lesen, dass Fleisch dick macht. Für mageres Fleisch trifft das jedoch in keiner Weise zu. Denn mit nur geringem Fettanteil hat es eine Energiedichte zwischen 1,0 und 1,3 kcal/g, je nach Sorte.

Mit dieser „grünen" Energiedichte ist es also ein wunderbarer Schlankmacher. Erst recht, wenn man es mit Gemüse oder Salaten genießt.

Die Legende vom dickmachenden Fleisch geht auf eine Studie zurück, die Fleisch und Wurst „in einen Topf geworfen" hat. Damit war die Studie allerdings höchst schlampig. Denn im Gegensatz zu magerem Fleisch enthält Wurst sehr viel Fett, das die Energiedichte vieler Wurstsorten weit in den „roten" Bereich treibt.

Kein Wunder also, dass Wurst ein Dickmacher ist, während man mit Fleisch höchst genussvoll abnehmen kann.

Hähnchenbrustfilet mit Gemüsemix

Energiedichte: 0,6 kcal/g

Zutaten für 2 Personen

350 g Hähnchenbrustfilet
350 g Kohlrabi (1 Knolle)
350 g Karotten
glatte Petersilie
weißer Pfeffer, Salz/Chilisalz
1 EL Rapsöl

Zubereitung:

Den Kohlrabi und die Karotten schälen und in fingerdicke Streifen schneiden. Die Streifen in einem Topf mit wenig Wasser und etwas Salz ca. 10 Min. noch leicht bissfest dünsten.

Das Hähnchenbrustfilet in Streifen schneiden und in einer Pfanne in heißem Öl braten. Mit weißem Pfeffer und (Chili-)Salz würzen.

Die Petersilie klein schneiden. Das Gemüse auf Teller verteilen, die Hähnchenbruststreifen darauf anrichten und mit der Petersilie bestreuen.

ENERGIEDICHTE=BEISPIEL

Hähnchenbrustfilet mit Gemüsemix

Besser und einfacher geht's kaum, wenn man genussvoll abnehmen will.

Kohlrabi und Karotten versuchen, sich mit ihren traumhaft niedrigen Energiedichten gegenseitig zu unterbieten, ergänzen sich mit ihren ausgeprägten Aromen dabei jedoch perfekt. Zudem bilden sie ein perfektes Gemüsebett für die Hähnchenbrust, die so ziemlich die niedrigste Energiedichte hat, die Fleisch haben kann. Dass man etwas Öl verwendet, um sie knusprig anzubraten, ist kein Thema: Die Energiedichte auf dem Teller erreicht gerade mal 0,6 kcal/g.

Lebensmittel	kcal/g	g	kcal	
Hähnchenbrust, o. Haut	1,0	350	350	✕
	0,2	350	70	✕
Kohlrabi	0,3	350	105	✕
Karotten	0,5	20	10	✕
Petersilie	8,3	10	83	✕
Rapsöl				
ED / Summen	**0,6**	1080	618	

Die Petersilie bringt nur zusätzliche Aromen,
beeinflusst die Energiedichte aber nicht. Das gilt
auch für die Gewürze (Pfeffer, Salz und Chili).
Sie braucht man in so geringer Menge, dass man sie
beim Berechnen der Energiedichte gänzlich außer
Acht lassen kann.

Bei so einer Hauptmahlzeit spricht nichts gegen
ein vernünftiges Dessert. Wenn das dann überhaupt
noch Platz hat.

ZUBEREITUNG:

Das Hähnchenbrustfilet in feine Streifen schneiden und in dem Olivenöl und der griechischen Gewürzmischung marinieren.

Die Zwiebeln klein schneiden und in wenig Rapsöl anbraten. Die Paprikaschoten waschen und in Würfel schneiden. Die Champignons putzen und auch in Würfel schneiden. Den Knoblauch klein hacken. Das Gemüse zu den Zwiebeln in die Pfanne geben und so lange bei geringer Hitze köcheln lassen, bis die ganze Flüssigkeit verdampft ist. Zwischendurch mit Salz, Pfeffer und Paprikapulver würzen.

In einer anderen Pfanne das Fleisch (ohne zusätzliches Öl) anbraten, dann die Gemüsemischung dazugeben. Die Crème fraîche, die saure Sahne, die Sahne, das Tomatenmark und den Metaxa dazugeben. Ca. eine Minute köcheln lassen und dabei abschmecken.

Den Backofen in der Zwischenzeit auf 200°C vorheizen. Alles in eine Auflaufform geben und mit dem Käse bestreuen. Ca. 20 Min. überbacken, bis der Käse goldbraun ist.

500 g Hähnchenbrustfilet
Griechische Gewürzmischung
2 EL Olivenöl
150 g Zwiebeln
500 g rote Paprikaschoten

500 g Champignons
3 Knoblauchzehen
Salz, Pfeffer
Paprikapulver
200 g Crème fraîche
200 g saure Sahne

100 g Sahne
4 EL Tomatenmark
3 EL Metaxa
200 g geriebener Käse
1 EL Rapsöl

Dazu passt ein griechischer Salat aus Gurken, Tomaten und Zwiebelringen.

METAXA-HÄHNCHEN

Energiedichte: 1,2 kcal/g

Straußensteak mit Gemüse

Energiedichte: 0,9 kcal/g

Zubereitung:

Das tiefgekühlte Gemüse ohne es vorher auftauen zu lassen in heißem Wasser mit wenig Salz kurz dünsten (ca. 7-8 Minuten, bis es bissfest ist).

Die Herzoginkartoffeln auf einem Backblech mit Backpapier verteilen. Im vorgeheizten Backofen bei 200°C (Umluft) 10-12 Min. goldgelb backen.

Die Straußensteaks in heißem Öl braten. Danach mit Pfeffer und Salz würzen. Alles auf zwei Tellern anrichten und genießen!

Zutaten für 2 Personen

500 g TK-Gemüse
(z.B. Babykarotten, gelbe Karotten, Blumenkohl, Romanesco, Zucker-erbsenschoten)

200 g TK-Herzoginkartoffeln

2 Straußensteaks (ca. 300 g)

Steakpfeffer, Salz

1 EL Rapsöl

Wenn es mal schnell gehen muss, ist es auch vollkommen in Ordnung, auf Tiefkühlgemüse auszuweichen!

ZUTATEN FÜR 2 PERSONEN

500 g braune Champignons
(alternativ: weiße Champignons)
1 rote Paprikaschote
2 rote Zwiebeln
1 Lauchzwiebel
Pfeffer, Salz o. Chilisalz
300 g Rinderfilet
8-10 Cocktailtomaten
30 g Rucola
2 EL Rapsöl

ZUBEREITUNG:

Die Champignons säubern und in Scheiben schneiden. Die Paprika waschen und in Streifen schneiden. Die Zwiebeln in halbe Ringe und die Lauchzwiebel in ganze Ringe schneiden.

Champignons in einer Pfanne mit 1 EL Öl anbraten und heraustretendes Wasser abgießen. Die Paprikastreifen und die Zwiebeln in einer anderen Pfanne mit 1 TL Öl andünsten und zu den Champignons geben. Mit Pfeffer und Salz (Chilisalz) würzen.

Das Rinderfilet in Streifen schneiden und in einer beschichteten Pfanne scharf anbraten. Mit Pfeffer und Salz (Chilisalz) würzen.

Die Tomaten halbieren oder vierteln (je nach Größe) und noch 1-2 Minuten in der Pfanne mit dem Gemüse mitköcheln lassen. Die Pfanne vom Herd nehmen und den Rucola unterheben.

Das Gemüse auf die Teller geben, die Rinderfiletstreifen und ein paar Lauchzwiebelringe darüber verteilen.

RINDERFILET-CHAMPIGNON-PFANNE

Energiedichte: 0,6 kcal/g

CHILI CON CARNE

Energiedichte: 0,8 kcal/g

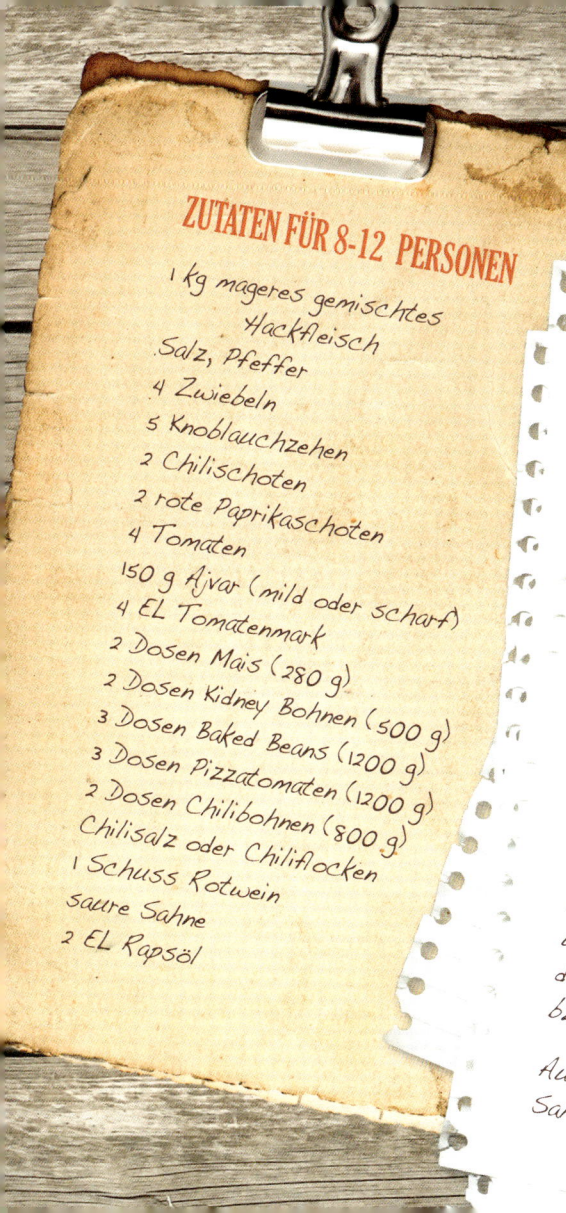

ZUTATEN FÜR 8-12 PERSONEN

- 1 kg mageres gemischtes Hackfleisch
- Salz, Pfeffer
- 4 Zwiebeln
- 5 Knoblauchzehen
- 2 Chilischoten
- 2 rote Paprikaschoten
- 4 Tomaten
- 150 g Ajvar (mild oder scharf)
- 4 EL Tomatenmark
- 2 Dosen Mais (280 g)
- 2 Dosen Kidney Bohnen (500 g)
- 3 Dosen Baked Beans (1200 g)
- 3 Dosen Pizzatomaten (1200 g)
- 2 Dosen Chilibohnen (800 g)
- Chilisalz oder Chiliflocken
- 1 Schuss Rotwein
- saure Sahne
- 2 EL Rapsöl

ZUBEREITUNG:

Das Hackfleisch in einem großen Topf in heißem Öl anbraten. Mit Salz und Pfeffer würzen. Die Zwiebeln, die Knoblauchzehen und die Chilischoten zerkleinern, zum Hack-fleisch geben und mitbraten, bis die Zwiebeln glasig sind.

Die Paprikaschoten zerkleinern und dazugeben. Die Tomaten würfeln und mit dem Ajvar und dem Tomatenmark in den Topf geben.

Den Mais und die Kidneybohnen waschen und zusammen mit den Baked Beans, den Pizzato-maten und den Chilibohnen in den Topf geben und köcheln lassen. Einen Schuss Rotwein dazugießen und ggf. noch mit Chiliflocken bzw. Chilisalz abschmecken.

Auf dem Teller mit einem Klecks saurer Sahne verfeinern.

DIE RICHTIGE HACKFLEISCH-MISCHUNG IST WICHTIG!

Hackfleisch kann eine Energiedichte von 1,1 kcal/g haben, wenn es aus magerem Rindfleisch gemacht wird, aber auch von 2,3 kcal/g, wenn es die typische Mischung aus Schweine- und Rindfleisch ist. Verlangt man nicht besonders mageres Hackfleisch, wird man in der Regel Letzteres bekommen.

Kocht man Gerichte, bei denen man wenig Hackfleisch, aber viel Gemüse verwendet, ist das unproblematisch. Ist der Hackfleischanteil jedoch hoch (wie beim Chili con Carne), sollte man sich über die Zusammensetzung des Hackfleisches Gedanken machen.

Reines mageres Rinderhack schmeckt etwas fad, weil das Fett als Geschmacksträger weitgehend ausfällt. Ein guter Kompromiss ist daher, sich vom Metzger eine Mischung aus einem Viertel Schweinefleisch und drei Vierteln Rind durch den Fleischwolf drehen zu lassen.

Ein guter Trick ist auch, die Hackfleisch-
mischung mit geriebenen Karotten zu strecken.
Die halbe Fleischmenge ist ein guter Anhalts-
punkt. Wenn es vom Rezept her passt, kann es
auch bis zur gleichen Menge sein. Die niedrige
Energiedichte der Karotten von 0,3 kcal/g senkt
natürlich die Energiedichte der Mahlzeit gewaltig.

Viel Geschmack kann man auch noch beim
Würzen und Verfeinern herausholen bzw. dazu-
bringen. Es lohnt sich, Nancys Anregungen dazu
aufmerksam zu lesen und umzusetzen.

ZUBEREITUNG:

Den Spargel bissfest kochen und in ca. 4 cm lange Stücke schneiden. Die Zucchini und die Paprika ebenfalls in ca. 4 cm lange Streifen schneiden. Den Schafskäse in kleine Würfel schneiden. Die Hähnchenbrustfilets mit dem Gewürzsalz würzen. Je einen Zucchini- und Paprikastreifen, ein Spargelstück, etwas Rucola und den Schafskäse auf die Filets legen. Diese als Rouladen zusammenrollen (mit Holzspießen fixieren) und in eine Auflaufform legen. Im vorgeheizten Ofen bei 180°C (Umluft) ca. 20-25 Min. garen.

Die Maronen kreuzweise einritzen, auf ein mit Backpapier ausgelegtes Backblech legen und ca. 20 Min. im Ofen mitbacken. (Sie sind fertig, wenn sich die aufgeschnittene Schale nach außen biegt).

Die Strauchtomaten in kleine Würfel schneiden. Den Knoblauch hacken und beides zusammen in einer großen Pfanne andünsten und mit dem Gewürzsalz würzen.

Den Fenchel und den Chicorée in Streifen schneiden. Die Karotte in feine Streifen hobeln. Alles zusammen mit den Resten der Zucchini und der Paprika zu den Tomaten in die Pfanne geben und 4-5 Min. dünsten. Abschmecken.

Die Lauchzwiebeln und die Petersilie klein schneiden, die Cocktailtomaten halbieren. Die Pfanne von der Platte nehmen und den restlichen Spargel, die Lauchzwiebeln, die Petersilie, die Cocktailtomaten und den Rucola unter das Gemüse mischen.

Die fertigen Hähnchenrouladen in Streifen schneiden und mit dem Gemüse und den Maronen auf dem Teller anrichten.

ZUTATEN FÜR 4 PERSONEN

300 g weißen Spargel

1 Zucchini

1/2 gelbe Paprikaschote

50 g Schafskäse

30 g Rucola

4 Hähnchenbrustfilets

Gewürzsalz, Kräuter d. Provence

20 Maronen

2 große Strauchtomaten

2 Knoblauchzehen

1/2 Fenchel

1 Chicorée

1 große Karotte

2 Lauchzwiebeln

Petersilie

10 Cocktailtomaten

Gefüllte Hähnchenbrust

Energiedichte: 0,7 kcal/g

HACKFLEISCHPIZZA MIT BROKKOLI

Energiedichte: 0,9 kcal/g

ZUTATEN FÜR 2 PERSONEN

500 g mageres Rinderhackfleisch

Pfeffer, Salz

1 Ei

2 rote Paprikaschoten

2 Knoblauchzehen

75-100 g passierte Tomaten

2 EL Tomatenmark

Pizzagewürz

400 g Brokkoli

1 rote Zwiebel

3 Scheiben Kochschinken

4 EL Mais (aus der Dose)

100 g geriebener Käse

ZUBEREITUNG:

Das Hackfleisch mit Pfeffer und Salz würzen und das Ei dazugeben. Eine Paprika klein würfeln und die Knoblauchzehen klein hacken. Beides in die Hackmasse geben und diese gleichmäßig auf einem mit Backpapier ausgelegten Backblech (oder in einer Springform) verteilen.

Die passierten Tomaten mit dem Tomatenmark und dem Pizzagewürz vermischen und auf die Hackmasse streichen.

Den Brokkoli in Röschen schneiden und kurz in heißem Salzwasser blanchieren. Mit kaltem Wasser abschrecken. Die Zwiebel in Ringe, die zweite Paprika in Streifen und den Kochschinken in größere Stücke schneiden. Alles zusammen mit den Brokkoliröschen und dem Mais auf dem Hackfleischboden verteilen und mit dem Käse bestreuen.

Im vorgeheizten Backofen bei 180°C (Umluft) ca. 30 Min. backen.

ZUBEREITUNG:

Kasselerbraten:

Kasselerlachs in einem Bräter mit 1 EL Öl scharf anbraten und mit einem Großteil des Salzwassers ablöschen. 5 Zwiebeln schälen und vierteln und zum Fleisch in den Bräter legen. Im vorgeheizten Ofen bei 170 C (Umluft) ca. 60 Minuten garen. Währenddessen den Braten immer wieder mit etwas Salzwasser übergießen.

Sauerkraut:

1 Zwiebel klein schneiden und in einem Topf mit 1 EL Öl andünsten. Das Sauerkraut, ca. 200 ml Wasser, Kümmel und Zucker dazugeben und ca. 20 Min. köcheln lassen.

Kartoffelbrei:

Die Kartoffeln schälen und klein schnippeln. In Salzwasser kochen, das Wasser abgießen und mit dem Kartoffelstampfer zerquetschen. Nach und nach Milch dazugießen. Zum Schluss ein kleines Stück Butter dazugeben und mit Salz und Muskatnuss abschmecken.

Zwiebelsauce:

Wenn das Kasseler fertig ist, etwa 350 ml vom Bratenfond in einen Topf gießen. Die mitgegarten Zwiebeln ebenfalls dazugeben. Mit Pfeffer und Salz würzen, die Sahne dazugeben und mit dem Stabmixer pürieren. Die Sauce wird durch die pürierten Zwiebeln schön sämig. Ein paar Minuten köcheln lassen.

ZUTATEN FÜR 6 PERSONEN

1,2 kg Kasselerlachs
6 große Zwiebeln (ca. 600 g)
1 Liter Salzwasser (fürs Kasseler)
500 g Sauerkraut
Kümmel
200 ml Wasser (fürs Sauerkraut)
2 EL Zucker
1,5 kg Kartoffeln
100-150 ml Milch
1 EL Butter
geriebene Muskatnuss
50 ml Sahne
Salz, Pfeffer
2 EL Rapsöl

KASSELERBRATEN

Energiedichte: 0,8 kcal/g

GULASCHTOPF

Energiedichte: 0,8 kcal/g •

ZUTATEN FÜR 8 PERSONEN

250 g Rindfleisch
250 g Schweinefleisch
(Schinkengulasch)
250 g Kasselerlachs
500 g Putenbrust o. Putenschnitzel
ca. 1/2 l Wasser mit Salz
Pfeffer, Salz
750 g rote Paprikaschoten
600 g Gemüsezwiebeln
(o. normale Zwiebeln)
750 g Kartoffeln
500 g frische Champignons
1 Chiliflocken
Paprikapulver edelsüß
150 g Sahne
150 g Schmand
250 g saure Sahne
4 EL Tomatenmark
1 Bund glatte Petersilie
2 EL Kartoffelmehl

Kartoffelmehl und Pellkar-
toffeln für Umstellungstage
einfach weglassen :-)

ZUBEREITUNG:

Das in Stücke geschnittene Fleisch in einem Bräter anbraten und mit Salzwasser ablöschen. Mit Pfeffer und Salz würzen. Die Paprika und die Gemüsezwiebeln in große Stücke schneiden und zum Fleisch geben. Alles ca. 45 Minuten mit geschlossenem Deckel bei 180 C (Umluft) im Ofen schmoren lassen.

Die Kartoffeln mit der Schale kochen (nicht zu weich).

Die Champignons je nach Größe halbieren oder in Scheiben schneiden und zum Gulasch geben. Den Deckel nun weglassen. Mit Salz, Pfeffer, Chiliflocken und Paprikapulver würzen und 15-20 Minuten weitergaren. Die Sahne sowie den Schmand und die saure Sahne (bis auf einen Rest zum Verzieren) mit dem Tomatenmark verrühren und in den Gulaschtopf geben. Die Petersilie klein hacken und (bis auf einen kleinen Rest) ebenfalls in den Gulaschtopf geben.

Kartoffelmehl zum Andicken unterrühren. Die Kartoffeln pellen, auf die Größe der Fleischstücke klein schneiden und mit dem Gulasch vermengen. Nochmal mit den Gewürzen abschmecken.

Zur Dekoration einen kleinen Klecks saure Sahne oder Schmand und ein wenig Petersilie auf das Gulasch geben.

ZUBEREITUNG:

Die Zwiebeln und eine Knoblauchzehe schälen und klein hacken. Die Paprikaschoten klein würfeln. Das Hackfleisch mit dem Ei, dem Knoblauch, den Zwiebeln, der Paprika und den Flohsamenschalen gut vermischen. Mit Pfeffer und Salz würzen. Den Schafskäse zerbröseln. 4 Frikadellen formen und in der Mitte den Schafskäse einarbeiten. Auf ein mit Backpapier ausgelegtes Backblech legen und im vorgeheizten Ofen bei 180° C (Umluft) ca. 45 Minuten garen.

Die Kartoffeln bissfest kochen und mit kaltem Wasser abschrecken. Pellen und in mundgerechte Würfel schneiden. Die Kartoffeln in einer Pfanne mit etwas Öl goldgelb anbraten.

Die Gurken schälen und reiben. Salzen, umrühren und ca. 30 Min. stehen lassen. Dann das Wasser abgießen. Zwei Koblauchzehen schälen und klein hacken. Die Gurke, den Joghurt und den Knoblauch verrühren. Das Olivenöl, den Zitronensaft (oder Essig) dazugeben und mit Salz und frisch gemahlenem Pfeffer abschmecken.

Dazu passt perfekt ein griechischer Salat.

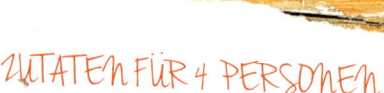

ZUTATEN FÜR 4 PERSONEN

600 g mageres gemischtes
    Hackfleisch

1 Paprika (1/2 rot + 1/2 orange)

1 Zwiebel

2 Eier

3 Knoblauchzehen

2 EL Flohsamenschalen

120 g Schafskäse

600 g festkochende Kartoffeln

2 EL Rapsöl

400 g (griech.) Naturjoghurt

1/2 Gurke

1 EL Olivenöl

1 Spritzer Zitronensaft
    oder Weißweinessig

Pfeffer, Salz

Frikadellen

Energiedichte: 1,1 kcal/g

MIT SCHAFSKÄSEFÜLLUNG

FISCH & MEERESFRÜCHTE

Ideal für die gute Strandfigur

Mediterrane Ernährung hat zu Recht den Ruf, abnehmtauglich zu sein. Das liegt natürlich auch am Fisch, der jenseits der Alpen nur einen kurzen Weg vom Meer auf den Tisch zurücklegen muss. Doch auch in unseren Gefilden ist Fisch aus vielerlei Hinsicht eine gute Option: Er sorgt für Abwechslung auf dem Speiseplan, ist in den meisten Fällen noch kalorienärmer als Fleisch und verzückt, gekonnt zubereitet, die Geschmacksknospen.

Statt Wolfsbarsch, Goldbarben oder Petersfischen aus dem Mittelmeer verwenden wir eben Kabeljau aus der Ostsee oder dem Atlantik, Felchen aus dem Bodensee oder Forellen aus dem Fischteich im Nachbardorf.

Wer beim Genießen auch noch abnehmen möchte, sollte häufiger Fischgerichte zubereiten. Magische Genussmomente ergeben sich, wenn die Beilagen den Eigengeschmack des Fisches unterstreichen oder ergänzen. Der Fantasie sind dabei fast keine Grenzen gesetzt.

Nancy serviert zum Beispiel Kabeljau einmal auf Spinat und Tomaten, die sich dem Dorsch, wie wir ihn auch nennen, unterordnen. Ein anderes Mal setzt sie ihm mit Schafskäse, den sie in einen Speckmantel wickelt, einen herzhaften Kontrapunkt. Beides hat seinen Reiz und stellt unter Beweis, wie abwechslungsreich und vielseitig abnehmtaugliche Küche sein kann.

Wem bei solchen Vorstellungen das Wasser im Mund zusammenläuft, der wird auch am Seehechtfilet seine Freude haben, bei dem die Kräuter und Gewürze das Besondere ausmachen: Knoblauch, Basilikum, Rosmarin, Gewürzsalz, Olivenöl. Das Rezept zeigt, wie wenig es braucht, um ein außergewöhnliches Gericht auf den Tisch zu zaubern.

Kabeljau auf Tomaten

Energiedichte: 0,7 kcal/g

Zutaten für 4 Personen

500 g Kabeljaufilet
500 g TK-Blattspinat
500 g Tomaten
2 Zwiebeln
2 Knoblauchzehen
50 g geriebener Käse
40 g Hartkäse (z.B. Parmesan)
60 g Crème fraîche (Kräuter)
1 EL Olivenöl
Salz, Pfeffer

Zubereitung:

Die Tomaten in Scheiben schneiden. Die Hälfte der Tomaten in einer Auflaufform auf dem Boden verteilen und den Hartkäse darüberstreuen.

Die Zwiebeln und den Knoblauch schälen und in kleine Würfel schneiden. Beides in Olivenöl dünsten bis die Zwiebeln glasig sind. Dann den Spinat dazugeben (nicht vorher auftauen) und einige Minuten mitdünsten. Dabei regelmäßig umrühren. Wenn der Spinat zerfallen ist, die Crème fraîche einrühren und noch ca. 2 Minuten weiterköcheln lassen. Mit Salz und Pfeffer abschmecken.

Die Spinatmasse über die Tomaten in der Auflaufform verteilen. Das Kabeljaufilet darauf legen, mit etwas Salz und Pfeffer würzen und mit den restlichen Tomaten bedecken.

Den Auflauf im vorgeheizten Backofen bei 180°C (Umluft) ca. 20 Minuten garen. Nach 15 Minuten den geriebenen Käse über den Auflauf verteilen.

Zutaten für 2 Personen

500 g Seehechtfilets
300 g Mini-Ravioli mit
    Tomate-Basilikum-Füllung
250 g Tomaten
2 Knoblauchzehen
frischer Rosmarin
frisches Basilikum
Pfeffer, Salz, Gewürzsalz
Kräuter der Provence
2 EL Olivenöl

Zubereitung:

Die Seehechtfilets mit einer Mischung aus Pfeffer (aus der Mühle), Salz, Rosmarin und 1 EL Olivenöl marinieren.

Die Miniravioli in kochendem Salzwasser 2 Min. ziehen lassen.

Währenddessen den Knoblauch klein hacken und die Tomaten in kleine Stücke schneiden. Beides in einer Pfanne mit 1 EL Olivenöl andünsten. Das Basilikum klein schneiden und untermischen. Mit dem Gewürzsalz abschmecken. Dann die Miniravioli dazugeben.

In einer anderen Pfanne die Seehechtfilets braten und evtl. noch ein wenig würzen. (Da die Seehechtfilets mit Olivenöl mariniert wurden, ist keine weitere Zugabe von Öl nötig.)

Seehechtfilet mit Ravioli

Energiedichte: 1,1 kcal/g

Kabeljau

mit Schafskäse im Speckmantel

Energiedichte: 1,1 kcal/g

Zubereitung:

Gemüsepfanne

Das Gemüse klein schneiden. Die getrockneten Tomaten und die Knoblauchzehen klein hacken und in etwas Öl andünsten. Mit etwas Weißwein (oder Wasser) ablöschen. Die Prinzessbohnen und die Paprikaschote in die Pfanne geben und kurz umrühren. Danach die Schalotten, die Mairübchen und den Mais dazugeben. Zum Schluss noch kurz die Tomaten mitdünsten. Alles mit Pfeffer, Salz und ital. Kräutern würzen. 150 g des Schafskäses klein würfeln. Die Pfanne von der Platte nehmen und den gewürfelten Schafskäse dazugeben.

Schafskäse im Speckmantel

Den restlichen Schafskäse in Streifen schneiden und mit dem Schinken umwickeln. Kurz in der Pfanne (ohne Öl) anbraten.

Kabeljaufilet

Das Kabeljaufilet in etwas Öl braten und mit Pfeffer und Salz würzen.

Zutaten für
2 Personen

10 g getrocknete Tomaten
2 Knoblauchzehen
Ein Schuss Weißwein (o. Wasser)
100 g Prinzessbohnen
1 rote Paprikaschote
2 Schalotten
1 Mairübchen
5 EL Mais (aus der Dose)
2 Tomaten (Rispentomaten)
Pfeffer, Salz, ital. Kräuter
250 g Schafskäse
6 Scheiben magerer roher Schinken
400 g Kabeljaufilet
2 EL Olivenöl

Energiedichte-Beispiel

Kabeljau
mit Schafskäse im Speckmantel

Wenn man die Energiedichte eines Rezeptes schnell überschlagen möchte, schaut man zunächst auf die Zutaten, von denen die größten Mengen benötigt werden. In diesem Fall sind das: der Kabeljau, der Schafskäse und der Schinken. Und natürlich das viele Gemüse, das zusammengenommen in diesem Rezept den größten Anteil stellt.

Gemüse in großer Menge ist immer gut, das zieht die Energiedichte nämlich nach unten. Ebenso der Kabeljau. Mit 0,8 kcal/g ist der herrlich „grün". Magerer roher Schinken hat 1,2 kcal/g. Passt also auch.

Aber der Schafskäse! In der normalen Variante ist der mit 2,7 kcal/g „rot". Da heißt es aufpassen. In diesem Rezept steuern die 250 Gramm davon nahezu die Hälfte der Kalorien bei. Dank der anderen „grünen" Zutaten bleibt die gesamte Energiedichte jedoch im „grünen" Bereich, nämlich bei 1,1 kcal/g.

Wäre das nicht der Fall, könnte man entweder die verwendete Käsemenge reduzieren oder auf fettreduzierten Feta zurückgreifen. Der hat nur „gelbe" 1,7 kcal/g und würde bei gleicher Menge die Energiedichte des Gerichts auf 0,9 kcal/g senken. Ob einem die paar eingesparten Kalorien den reduzierten Genuss Wert sind, muss jeder selbst entscheiden.

Das gleiche gilt für den Weißwein: Ersetzt man den durch Wasser, ändert das an der Energiedichte nichts. Im Gegenteil: Bei der tollen Energiedichte dieser Mahlzeit darf man gerne ein Gläschen dazu genießen.

Lebensmittel	kcal/g	g	kcal	
Tomaten, getrocknet	1,8	10	18	X
Knoblauch	1,4	20	28	X
Weißwein	0,7	30	21	X
Prinzessbohnen	0,3	100	30	X
Paprika, rot	0,4	160	64	X
Schalotte	0,3	50	15	X
Mairüben	0,3	50	15	X
Mais (Konserve)	0,8	50	40	X
Tomate	0,2	120	24	X
Schafskäse	2,7	250	675	X
Schinken, roh, mager	1,2	120	144	X
Kabeljau (Dorsch)	0,8	400	320	X
Olivenöl	8,2	20	164	X
ED / Summen	1,1	1380	1558	

PFANNENGERICHTE

Da werden die Kalorien in der Pfanne verrückt

Pfannkuchen und Eiergerichte sind klasse! Zumindest, wenn man Familie hat - oder wenig Zeit zum Kochen. Oder wenn wenig schief gehen soll und man trotzdem richtig essen möchte.

Einen Haken haben „normale" Pfannkuchen jedoch: Für die üblichen Rezepte braucht man Mehl. Das besteht aber zu großem Teil aus Kohlenhydraten, und die mag man beim Abnehmen nicht täglich essen. Verwendet man statt des Mehls allerdings geschmacksneutrales Eiweißpulver und belegt die damit gebackenen Pfannkuchen mit abnehmtauglichen Zutaten wie Pilzen, Schinken oder Gemüse, hat man eine eiweißreiche, vollwertige Mahlzeit mit „grüner" Energiedichte, die Eltern und Kindern gleichermaßen schmeckt.

Wer auf Rühreier oder Omelettes steht, sollte sich merken, dass Eier eine Energiedichte von 1,5 kcal/g haben. Sie fallen also gerade noch in den „grünen" Bereich. Bereitet man sie nun mit Zutaten zu, die eine geringere Energiedichte haben, bleibt die Eierspeise „grün". Ist der größere Teil der sonstigen Zutaten „gelb" oder gar „rot", wird die Energiedichte des Pfannengerichts ebenfalls „gelb".

Wie abwechslungsreich die Gerichte sein können, die man sich in der Pfanne bruzzelt, zeigen Nancys Rezepte auf den folgenden Seiten.

HERZHAFTER VIBONO-PFANNKUCHEN

Energiedichte: 1,3 kcal/g

ZUTATEN FÜR 1 PERSON

- 2 Eier
- 2 EL Vibono Pur Eiweißpulver
- 1 Schuss Milch
- 1 Prise Backpulver
- Salz, Pfeffer, Thymian
- 1 TL Butterschmalz

- 100 g frische Champignons
- 2 Scheiben Kochschinken
- 1 rote Zwiebel (o. 2 Schalotten)
- 1 Lauchzwiebel
- 1 EL Rapsöl
- 2 EL Crème fraîche
- glatte Petersilie

ZUBEREITUNG:

Die Eier, das Eiweißpulver, das Backpulver (nicht zuviel!), Pfeffer, Salz und Thymian verrühren. (Sollte der Pfannkuchenteig zu dick sein, einen kleinen Schluck Milch dazu-geben). Das Butterschmalz in der Pfanne heiß werden lassen, die Eimasse hineingießen, und den Pfannkuchen bei mittlerer Hitze fast durch-backen. Danach einmal wenden.

Die Champignons in Scheiben, den Kochschinken in Stücke, die Zwiebel in halbe Ringe und die Pe-tersilie klein schneiden. Alles in einer Pfanne mit 1 EL Öl kurz anbraten, würzen und zum Schluss die Crème fraîche und die Petersilie unterrühren.

Die Lauchzwiebel in Ringe schneiden. Den Pfannkuchen auf einem Teller anrichten und die Lauchzwiebelringe darüber streuen.

Zutaten für 1 Person

- 4 Spargelstangen
- 2 Eier
- 30 ml Milch
- Salz, Pfeffer
- 1 TL Butterschmalz
- 2 Scheiben gekochter Schinken
- 30 g geriebener Käse
- 1 Tomate
- krause Petersilie

Zubereitung:

Den Spargel bissfest kochen und gut abtropfen lassen.

Eier, Milch, Salz und Pfeffer verrühren. Das Butterschmalz in einer Pfanne erhitzen. Die Eimasse hineingießen und die Temperatur ein wenig reduzieren, um das Omelette bei mittlerer Hitze stocken zu lassen. Vorsichtig schauen, ob sich das Omelette von der Pfanne löst. Einmal wenden.

Den Schinken auf das Omelette legen (es sollte völlig mit Schinken bedeckt sein). Den abgetropften Spargel auf die eine Hälfte legen, mit Käse bestreuen und die andere Hälfte des Omelettes darüberklappen.

Das Ganze noch ca. 1-2 Minuten in der Pfanne bei geringer Hitze ruhen lassen und dann auf einen Teller geben. Die Petersilie klein hacken, die Tomate achteln und das fertige Omelette damit dekorieren.

Schinken-Spargel-Omelette

Energiedichte: 1,1 kcal / g

BUNTES RÜHREI

Energiedichte: 0,8 kcal/g

ZUTATEN FÜR 2 PERSONEN

1/2 rote Paprikaschote
1/2 gelbe Paprikaschote
2 Tomaten
1 Zwiebel
2 Lauchzwiebeln
4 Eier

ca. 50 ml Milch
Pfeffer, Salz, Thymian
2 EL Mais (aus der Dose)
1 EL Butterschmalz
80 g dünner Kochschinken
(o. Hähnchen- o. Putenbrust)

Vegetarische Variante: statt
Schinken mit Schafskäse

ZUBEREITUNG:

Die Paprikaschoten in Streifen schneiden.
Die Tomaten achteln. Die Zwiebel und die
Lauchzwiebeln in Ringe schneiden.

Die Eier mit Milch, Pfeffer, Salz und Thymian
verrühren und die Tomaten, den Mais und die
Hälfte der Lauchzwiebeln dazugeben.

Das Butterschmalz in die Pfanne geben und die
Zwiebeln und die Paprika kurz andünsten.

Den Schinken (evtl. ein paar Scheiben zum dekorieren übrig lassen) klein schneiden und in die
Pfanne geben. Dann die Eimasse dazugeben und bei
mittlerer Hitze stocken lassen. Dabei das Ei immer wieder mit einem Pfannenwender verrühren.

Auf zwei Teller verteilen und die restlichen
Lauchzwiebelringe darüberstreuen. Mit dem
übrigen Schinken dekorieren.

Zutaten für 2 Personen

- 2 Strauchtomaten
- 2 Knoblauchzehen
- 5 Eier
- ca. 60 ml Milch
- Salz, Pfeffer
- Chilisalz o. Chiliflocken
- 1 TL Butterschmalz
- 1 EL Sesamöl (o. Rapsöl)
- 4 Garnelenspieße (ca. 400 g) oder normale Garnelen
- 1 Schuss Zitronensaft
- 3 Cocktailtomaten
- 1/2 rote Zwiebel
- 2 Handvoll Rucola
- 3 Minipaprika (rot, gelb, orange)
- o. 1/2 normale Paprikaschote
- 2 Lauchzwiebeln

Zubereitung:

Die Strauchtomaten in kleine Stücke schneiden. Die Knoblauchzehen schälen und klein hacken. Die Hälfte davon mit den Tomaten in einer mittelgroßen Pfanne 1-2 Min. ohne Fett andünsten.

In einer Schüssel Eier, Milch, Salz, Pfeffer und Chiliflocken/Chilisalz mit dem Tomaten-Knoblauch-Gemisch verrühren.

Das Butterschmalz in die benutzte Pfanne geben und erhitzen. Die Eimasse (reicht für 2 Omelettes) in die heiße Pfanne gießen und die Temperatur ein wenig runterdrehen. Das Omelette bei mittlerer Hitze stocken lassen. Dabei vorsichtig schauen, ob sich das Omelette von der Pfanne löst.

In einer anderen Pfanne das Öl erhitzen und die Garnelenspieße mit dem restlichen Knoblauch darin braten. Mit einem Schuss Zitronensaft würzen.

Die Cocktailtomaten vierteln. Die Zwiebel und die Lauchzwiebeln in Ringe schneiden. Die Paprika in Streifen schneiden. Das Omelette auf einen Teller geben und das zweite Omelette ausbacken. Das Gemüse mit dem Rucola und den Garnelenspießen auf die Omelettes geben.

Omelette mit Garnelen

Energiedichte: 0,9 kcal/g

WRAPS

Partytaugliche Schlankmacher

Auf Partys hat man häufig das Problem, vernünftiges Essen zu finden. Gemüsesticks sind zwar oft gut gemeint, aber doch etwas langweilig, und lange satt machen sie auch nicht. Paniertes Fingerfood, Pizza-schnitten oder gar Knabberzeug verhelfen allerdings nur der Waage zu einem Freudensprung.

Ein Glück also, wenn der Gastgeber leckere Wraps aufs Buffet legt. Von ihnen wird man satt, ohne sich unnötige Kalorien einzuverleiben, und auf der Genuss-Skala stehen sie vielen Standardhäppchen in nichts nach.

Veranstaltet man die Party selbst oder will auch nur im Familienkreis mal etwas Abwechslung auf den Tisch bringen, entwickeln sich Nancys Wraps häufig zu einem schnell und einfach zubereiteten Geheimtipp.

Wrapspieße mit Rucola,

Schinken & Käse

Am besten mit viel Salat
oder Gemüse kombinieren :)

Energiedichte: 1,4 kcal/g

Zubereitung:

Die Preiselbeeren in den Frischkäse rühren. Die Wraps damit bestreichen. Den Rand links und rechts auslassen, weil dieser später abgeschnitten wird.

Die Wraps anschließend mit Schinken und Käse belegen. Die Paprika und ein Viertel der Gurke in hauchdünne Scheiben schneiden und ebenfalls auf die Wraps legen. Darauf achten, dass das obere Ende der Wraps nur mit Frischkäse bedeckt ist und nicht mit anderen Zutaten.

Zuletzt noch den Rucola verteilen und die belegten Wraps von unten fest aufrollen. Die entstandene Roulade in Frischhaltefolie packen und im Kühlschrank mehrere Stunden durchziehen lassen.

Aufspießen der Wraps

Den Rest der Gurke in mundgerechte Stücke schneiden. Die Wraps aus der Frischhaltefolie nehmen, die Ränder abschneiden. Die Roulade in ca. 2 cm dicke Stücke schneiden. Diese dann abwechselnd mit den Gurkenstücken und den Cocktailtomaten auf einen Holzspieß stecken.

Zutaten für 2 Personen

80 g Frischkäse
60 g Wildpreiselbeeren
2 Wraps
6 Scheiben Schinken
80 g Schnittkäse
40 g Paprikaschoten
140 g Gurke
4-6 Cocktailtomaten
40 g Rucola

Zu den Wraps eignet sich ein bunter Salat!

Zubereitung:

Das Tomatenmark in den Frischkäse rühren und die Wraps damit bestreichen. (Rand links und rechts auslassen, da dieser später abgeschnitten wird).

Den Thunfischsaft abgießen und den Thunfisch gleichmäßig auf den Wraps verteilen. (Das obere Viertel beim Belegen aussparen, dort werden die Wraps später mit dem Frischkäse zusammengeklebt.) Mit Pfeffer würzen. Den Mais auf dem Thunfisch verteilen. Die Zwiebel, die Gurke und die Paprika in hauchdünne Scheiben schneiden. Diese und den Rucola ebenfalls gleichmäßig verteilen und die Wraps von unten fest aufrollen. Die zusammengerollten Wraps in Frischhaltefolie packen und am besten über Nacht, zumindest aber ein paar Stunden im Kühlschrank durchziehen lassen.

Die Wraps aus der Frischhaltefolie nehmen. Die Ränder abschneiden und die Roulade in ca. 2 cm dicke Stücke schneiden. Diese abwechselnd mit den Cocktailtomaten und Salatbüscheln auf Holzspieße stecken.

Zutaten für 2 Personen

80 g Frischkäse
1 EL Tomatenmark
150 g Thunfisch im eigenen Saft
2 Wraps
Pfeffer/Orangenpfeffer
80 g Mais
50 g rote Zwiebeln
70 g Gurke
60 g rote Paprika
40 g Rucola
8 Cocktailtomaten
Etwas Feldsalat

Thunfisch-Wrapspieße

Energiedichte: 1,0 kcal/g

Schafskäse-Wraps

Energiedichte: 1,3 kcal/g

Zutaten für 2–4 Personen

60 g Schafskäse
1 Knoblauchzehe
10 g Butter
30 g Saure Sahne
Salz, Pfeffer
Kräuter der Provence

4 Wraps
100 g Gurke
200 g Cocktailtomaten
120 g Rucola
100 g Lauchzwiebeln

Zubereitung:

Den Schafskäse in einer Schüssel mit einer Gabel zerdrücken. Den Knoblauch schälen und sehr fein schneiden. Zusammen mit der Butter und der Sauren Sahne zum Schafskäse geben. Mit Salz, Pfeffer und Kräutern der Provence würzen und alles cremig rühren.

Die Wraps gleichmäßig mit der Schafskäse-creme bestreichen. (Den Rand links und rechts freilassen, da dieser später abge-schnitten wird).

Die Hälfte der Cocktailtomaten, die Gurke und die Lauchzwiebeln in möglichst dünne Schei-ben schneiden. Die Wraps damit und mit dem Rucola belegen, dabei aber das obere Viertel aussparen. Die Wraps dann von unten fest auf-rollen, in Frischhaltefolie packen und ein paar Stunden im Kühlschrank durchziehen lassen.

Die Wraps servieren:

Die Wraps aus der Frischhaltefolie nehmen. Die Ränder abschneiden und die Rolle in ca. 2 cm dicke Stücke schneiden. Diese mit den restlichen Tomaten auf einem Teller oder einer Platte anrichten. Zur Dekoration und/oder als Beilage passt Feldsalat sehr gut.

Zutaten für 2–4 Personen

100 g geräucherte Forellenfilets
100 g Frischkäse
30 g Saure Sahne
1 TL Meerrettich
   (aus dem Glas)
4 Wraps
200 g gelbe Cocktail-
   tomaten
100 Gurke
1/2 rote Paprikaschote
50 g Rucola

**Die ideale Vorspeise
für die Grillparty!**

Zubereitung:

Die Forellenfilets zerteilen und mit dem Frischkäse, der Sauren Sahne und dem Meerrettich in
eine Schüssel geben. Alles mit dem Pürierstab
cremig rühren. Die Wraps gleichmäßig mit der
Forellencreme bestreichen. (Den Rand links und
rechts freilassen, da dieser später abgeschnitten wird).

Die Hälfte der Tomaten klein schneiden und auf
den Wraps verteilen. Die Gurke und die Paprika
in dünne Scheiben schneiden und zusammen mit
dem Rucola ebenfalls verteilen. Das obere Viertel dabei aussparen. Die Wraps dann von unten
fest aufrollen, in Frischhaltefolie packen und
ein paar Stunden im Kühlschrank durchziehen
lassen.

Die Wraps aus der Frischhaltefolie nehmen.
Die Ränder abschneiden und die Rolle in ca.
2 cm dicke Stücke schneiden. Diese mit den
restlichen Tomaten auf einem Teller oder einer
Platte anrichten. Mit Feldsalat dekorieren.

Wraps mit Forellencreme

Energiedichte: 1,3 kcal/g

Spargelwrap

Energiedichte: 1,2 kcal/g

Zubereitung:

Den Spargel schälen und in Salzwasser bissfest garen. (Den weißen Spargel ca. 15 Min., den grünen ca. 10 Min.).

Die Wraps mit dem Schmand bestreichen. Dann den Schinken, den Spargel und den Bärlauch darauflegen. Den Parmesan darüberreiben und mit Pfeffer würzen. Den Wrap einrollen und ggf. mit Holzspießen fixieren. In Frischhaltefolie wickeln und im Kühlschrank durchziehen lassen.

Vor dem Servieren den Wrap auspacken, aufschneiden und mit den Sprossen dekorieren.

Zutaten für 2 Personen

3 Wraps
3 Scheiben Schinken
6 Stangen grünen Spargel
6 Stangen weißen Spargel
2 EL Schmand
60 g Bärlauch
15 g Parmesan
Pfeffer
Sprossen zum Dekorieren

DESSERTS

DER VIBONO-NACHSPEISEN-TRICK

Denkt man die Logik der Energiedichte konsequent weiter, gewinnt man ganz sonderbare Erkenntnisse. Von einem Gericht, das eine „grüne" Energiedichte hat, darf man sich bekanntlich zu einer der drei Hauptmahlzeiten genüsslich satt essen. Hat man sich auf diese Weise dreimal den Magen gefüllt, kommt man ohne gefährliche Zwischenmahlzeiten durch den Tag und weist an dessen Ende eine negative Energiebilanz vor. Man hat also weniger Kalorien verzehrt als verbraucht und deckt das Defizit durch die Verbrennung von Körperfett. Man nimmt also ab.

Sieht man nun auf den folgenden Seiten ein tolles Dessert-rezept, ist es konsequenterweise völlig in Ordnung, sich so viel davon zuzubereiten, dass man bequem satt wird. Will heißen: Man darf Desserts mit „grüner" Energiedichte als komplette Hauptmahlzeit genießen, bis man satt ist. Man darf den exoti-schen Kokosquark also tatsächlich zum Frühstück verspeisen. Oder die Kokoswaffeln zum Abendessen.

Oder man kombiniert ein Dessert mit einem Salat oder einer Suppe. Klingt doch nicht schlecht: deftige Kartoffelsuppe ge-folgt von frischem Apfelmus-Quark-Dessert. Oder verspielte Kürbis-Karotten-Suppe abgerundet von köstlicher Pfirsich-Himbeer-Sahnecreme.

EXOTISCHER KOKOSQUARK

Energiedichte: 0,9 kcal/g

ZUTATEN FÜR 2 PERSONEN

250 g Quark (20%)

250 g Naturjoghurt

etwas Mineralwasser mit Kohlensäure

2 EL Vibono Sahne-Vanille Eiweißpulver

2 EL Kokosflocken

2 dicke Scheiben Ananas

1 Kiwi

1 Kaki

1/2 Drachenfrucht

1 Mandarine

60 g Himbeeren

eine Handvoll Weintrauben

(Natürlich gehen auch andere leckere Früchte wie Orangen, Äpfel, Birnen, Bananen, Erdbeeren etc.)

ZUBEREITUNG:

Den Quark mit etwas Mineralwasser cremig rühren. Joghurt hinzufügen, verrühren und mit dem Eiweißpulver und den Kokosflocken mischen.

Den Quark in eine dicke Scheibe Ananas füllen und drumherum die Früchte dekorieren.

TIPP:

Die Energiedichte wird nur minimal geringer, wenn man statt 20%-igem Quark Magerquark und statt normalem Naturjoghurt fettarmen verwendet.

Aus Geschmacksgründen kann man also gut die angegebenen Varianten nehmen.

Zubereitung:

Die Himbeeren in eine Schüssel geben.
Die Pfirsiche klein schnippeln, zu den
Himbeeren geben und über Nacht in den
Kühlschrank stellen.

Den Joghurt und den Quark verrühren. Die
Vanille aus der Schote kratzen und mit dem
Eiweißpulver dazugeben. Die Sahne steif
schlagen und mit der Joghurt-Quarkmasse
verrühren.

Die Himbeeren und Pfirsiche aus dem Kühlschrank holen, den Saft abgießen und die
Früchte verrühren. In Dessertgläser füllen,
den Sahne-Quark-Joghurt daraufgeben und
die Schokolade darüberraspeln.

Zutaten für 6–8 Portionen

700 g TK-Himbeeren
450 g Pfirsiche (aus der Dose
        oder frisch)
500 g Naturjoghurt
500 g Quark (20%)
200 g Sahne
30 g Vibono Sahne-Vanille
        Eiweißpulver
1/2 Vanilleschote o. gemahlene
Vanille
1 Streifen Bitterschokolade

Tipp:
Zum Frühstück
probieren!

Pfirsich-Himbeer-Sahnecreme

Energiedichte: 0,8 kcal/g

KOKOSWAFFELN
MIT OBSTSALAT

Energiedichte: 1,2 kcal/g

ZUTATEN FÜR 2 PERSONEN

Für den Teig:
4 Eier
4 EL Vibono Sahne-Vanille Eiweißpulver
1 TL Backpulver
3 EL Kokosraspeln
ein Schuss Milch
2 TL Butterschmalz

Für den Obstsalat:
250 g Quark (20%)
Mineralwasser
1 EL Vibono Sahne-Vanille
   Eiweißpulver
1 Ananas
   (ca. 350 g ohne Strunk und Schale)
2 Mandarinen
2 Kiwis
ein paar Cranberrys

ZUBEREITUNG:

Die Eier, 4 EL Eiweißpulver, das Backpulver und die Kokosraspeln mit ein wenig Milch verrühren. Im mit Butterschmalz gefetteten Waffeleisen zwei goldbraune Waffeln backen.

Den Quark mit Mineralwasser und 1 EL Eiweißpulver cremig rühren.

Die Ananas teilen und innen aushöhlen. Das restliche Obst (inkl. einer Scheibe Ananas) klein schnippeln und in einer Schüssel vermischen.

Den Quark in die ausgehöhlte Ananas füllen, den Obstsalat daneben anrichten, und auf die warme Waffel noch ein paar Kokosraspeln streuen. Yummy! ;)

ZUTATEN FÜR 2 PERSONEN

- 250 g Quark (20%)
- 125 g Naturjoghurt
- 1 EL Vibono Sahne-Vanille Eiweißpulver
- 250 g Apfelmus ohne Zucker
- Zimt
- 6-8 Walnusskerne
- Beeren oder Obst der Saison

ZUBEREITUNG:

Den Quark mit dem Naturjoghurt und dem Eiweißpulver cremig rühren.

Den Joghurt-Quark und das Apfelmus abwechselnd in Gläser schichten.

Über jede Schicht Apfelmus etwas Zimt streuen.

Mit den Walnüssen und Beeren oder Obst der Saison dekorieren und verfeinern.

APFELMUS-QUARK-DESSERT

Energiedichte: 0,8 kcal/g

Die Autorin

Figurprobleme? Kein Problem für Nancy-Nicole Krüger – bis zu ihren Schwangerschaften. Mit den Kindern kamen die überflüssigen Pfunde, die sich gnadenlos an ihr festklammerten. Sie war ob des neu erlangten Übergewichts nie sonderlich unglücklich, der Blick in den Kleiderschrank ließ sie aber so manches Mal grummeln.

Bis ihre Mutter ihr begeistert von einer »tollen Ernährungsumstellung« berichtete. Es handelte sich um Vibono. Sie schaute sich das Konzept genauer an, meldete sich für das Abnehm-Coaching an und machte die zwei Umstellungstage. Genussvolle vier Monate später zeigte die Waage elf Kilo weniger an.

Von Anfang an experimentierte sie mit ihren Pfannen, Töpfen und frischen »grünen« Lebensmitteln. Ihre leckeren, vibonischen Kreationen teilte sie mit anderen Coachingteilnehmern und freute sich über deren Feedback – und deren hartnäckigen Wunsch nach einem Nancy-Kochbuch.

144

Der Autor

Andreas Schweinbenz ging
es wie vielen anderen auch:
Heimlich, still und leise
schlichen sich die Pfunde auf
seine Rippen. Kurz bevor er
die 100 kg erreichte, beschloss
er abzunehmen. Allerdings wollte er keine Diät
machen und schon gar nicht auf Genuss verzichten. Ziel war daher
ein Lebensstil, mit dem man sein Wunschgewicht erreichen und ein
Leben lang halten kann.

Weil keine der typischen Diäten seinen Ansprüchen gerecht werden
konnte, hat er sein eigenes Konzept entwickelt. Dieses hat sich unter
dem Namen Vibono inzwischen sehr weit verbreitet und erfreut sich
größter Beliebtheit. Seine Bücher »Schatz, meine Hose rutscht!« und
»50 Tipps, damit die Hose rutscht!« wurden zu Bestsellern.

Hunderttausende folgen Vibono inzwischen auf verschiedenen Ka-
nälen. Für sie ist Vibono zum Synonym für einen gesunden Lebensstil geworden, mit dem man genussvoll und effektiv abnimmt. Dass
Andreas Schweinbenz sein Wunschgewicht seit vielen Jahren hält,
liegt daran, dass er die Tipps, die er gibt, natürlich selbst befolgt.

Herzlichen Dank!

Dass es dieses Buch gibt, ist der Hartnäckigkeit einiger Mitglieder der Vibono-Gruppe bei Facebook zu verdanken. Immer wenn Nancy dort ein neues Rezept gepostet hat, wurden die Rufe nach einem gesammelten Werk laut. Das war uns so viel Motivation, dass wir die Idee weiter-gesponnen haben.

Herzlichen Dank also an alle, die uns angespornt und uns Feedback zu den Rezepten gegeben haben. Dank euch haben wir verstanden, welche Art von Rezepten besonders gefragt ist. Und ganz besonderen Dank natürlich auch wieder an Dani und Sandra, die mit ihrer Moderation der Gruppe für das richtige Umfeld für leckere Rezepte und die Diskussionen darüber sorgen.

Dass dieses Kochbuch tatsächlich Wirklichkeit werden konnte, verdanken wir der einzigartigen Kim, die mit sehr viel Freude und großem Gespür für kulinarische Genüsse die 160 Seiten gestaltet hat. Die Lust, die du am Kochen und an frischen Zutaten hast, kann man auf jeder Seite sehen. Danke!

Last but not least vielen Dank Ronny, Lukas und Celina fürs Testessen! Ohne eure Offenheit für Neues wären die Rezepte sehr viel langweiliger geworden. ;-)

Kontakt, Kritik, Kommentare

Wir haben uns sehr bemüht, Fehler jeglicher Art zu vermeiden. Die Rezepte haben wir mehrfach nachgekocht und von anderen kochen lassen. Die Texte haben wir intensiv gelesen und korrekturlesen lassen. Sollten sich trotzdem Fehler eingeschlichen haben, freuen wir uns über deren Meldung, damit wir sie in weiteren Auflagen korrigieren können.

Genauso freuen wir uns über Anregungen, Ideen und Hinweise jeglicher Art, die wir in zukünftigen Büchern oder im Vibono Abnehm-Coaching berücksichtigen können.

Kommentare und Kritik bitte an:
hose-rutscht@vibono.de

Leckere Rezepte

Genussvolles Abnehmen erfordert leckere, abnehmtaugliche Rezepte. Hunderte weitere gibt es auf:

www.vibono.de/rezepte

FRÜHSTÜCKS-PORRIDGE

Energiedichte 0,6 kcal/g •

www.vibono.de/rezepte/fruehstuecks-porridge

Granatapfelsalat mit Steak

Kim

Pak-Choi mit Hühnchen

Kim

Wenn mal keine Zeit zum Kochen ist

Espresso-Shake

Bananen-Shake
Rezept:
www.vibono.de/rezepte/bananen-shake
Energiedichte: 0,8 kcal/g

Pfannkuchen mit weißem Spargel

VIBONO

Eiweiß ist bekanntlich der beste Schlankmacher. Und Ballaststoffe liefern wenig Kalorien, machen aber lange satt. Deswegen bieten wir in unserem Online-Shop leckere Eiweiß-Shakes und ballaststoffreiche Flohsamenschalen an. Wenn einmal keine Zeit zum Kochen ist, kann man sich damit für etwa einen Euro pro Mahlzeit satt essen.

Kostenloses Abnehm-Coaching

Genuss und gute Laune!
Das ist unser Prinzip

...gliche Motivation
...dem Smartphone,
...t oder PC

Zigtausende Teilnehmer haben mit unserem Abnehm-Coaching schon erfolgreich abgenommen. Machen auch Sie mit und melden Sie sich kostenlos und unverbindlich an! Der Einstieg ist jederzeit möglich.

www.vibono.de/abnehm-coaching

Die Vibono-App

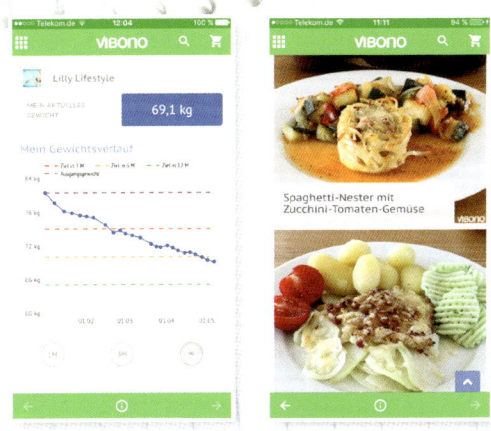  

Die Vibono-App ist der mobile Abnehm-

helfer für die Hand- oder Hosentasche.

Die neue Version ist außer für iPhone.

iPad und iPod touch nun auch für

Android-Geräte erhältlich!

www.vibono-app.info

Der 1. Bestseller: »Schatz, meine Hose rutscht!«

»Schatz, meine Hose rutscht! Wie Sie ohne Diät genussvoll abnehmen« ist die ideale Ergänzung für alle, die mehr über ihren Körper und ihren Stoffwechsel erfahren möchten.
www.schatz-meine-hose-rutscht.info

Leser-Rezensionen:

»Das beste Abnehm-Buch, das ich je gelesen habe!«

»Die richtige Initialzündung!«

»Endlich sagt jemand die Wahrheit!«

»Endlich hat es KLICK gemacht!«

»Den Körper verstehen lernen…«

»Motivation in reinster Form!«

Auch als Hörbuch und eBook erhältlich!

Der 2. Bestseller: »50 Tipps, damit die Hose rutscht!«

»50 Tipps, damit die Hose rutscht! Ohne Diät genussvoll abnehmen« ist die ideale Begleitung zum kostenlosen Vibono Abnehm-Coaching!

www.50-tipps.de

Leser-Rezensionen:

»Vibono ist das Beste, das mir je zum Thema Abnehmen begegnet ist!«

»Einfach nur genial und für mich die beste Ernährungsumstellung!«

»Überzeugend, wirksam und sanft – klasse!«

»Finde es sehr gelungen für Spontanleser.«

»Klasse Buch, leichtes Verständnis!«

Dr. Andreas Schweinbenz

50 Tipps, damit die Hose rutscht!
Ohne Diät genussvoll abnehmen – Band I

Vom Autor des Bestsellers »Schatz, meine Hose rutscht!«

Auch als eBook erhältlich!

Energiedichte-Daten-bank und -Rechner

In unserer Energiedichte-Datenbank sind mehr als 1.400 Le-bensmittel erfasst. Mit dem Energiedichte-Rechner lässt sich die Energiedichte ganzer Mahlzeiten kinderleicht ausrechnen.

Der schnellste Link dazu ist ganz einfach zu merken:

www.energiedichte.info

Energiedichte-Tabelle
mit 250 Lebensmitteln

Genussvoll abnehmen:
Sich mit wenig Kalorien satt essen!

Die Energiedichte ist <u>die</u> Alternative zum Kalorienzählen. Denn satt ist man, wenn der Magen voll ist. Und das am besten mit möglichst wenig Kilokalorien pro Gramm (kcal/g), also einer niedrigen Energiedichte (ED). Diese Liste hilft bei der Auswahl geeigneter Lebensmittel und ist damit der perfekte Einkaufsbegleiter.

Bitte beachten: Kalorienreiche Getränke sind immer rot (daher nicht aufgeführt), weil sie quasi nicht sättigen.

So geht's:

Je konsequenter man sich mit »grünen« Lebensmitteln ernährt, desto eher darf man sich ab und zu einen »roten« Luxus gönnen.

GRÜN	ED bis 1,5 kcal/g **Abnehmtauglich! Perfekt zum Sattessen.**
GELB	ED 1,5–2,5 kcal/g **Ab und zu o.k., mit »grün« kombinieren.**
ROT	ED über 2,5 kcal/g **Gefährlich! Wenig »rot« mit viel »grün« o.k.**

Die Energiedichte-Angaben sind gerundete Durchschnittswerte.
© Vibono GmbH

Brot	ED
Bagel, natur	2,5
Baguette, Ciabatta	2,5
Croissant, natur	4,7
Eiweißbrot (SiS etc.)	2,6
Finn Crisp	3,6
Hefezopf	3,0
Knäckebrot	3,2
Laugenbrötchen / Breze	2,8
Mehrkornbrötchen	2,3
Mischbrot	2,2
Pita-Fladenbrot	2,5
Roggenbrötchen	2,2
Vollkornbrot	2,1
Weißbrot, Weißmehlbrötchen	2,5
Weizentoast	2,6

Fett, Öl, Mayonnaise, Ei	ED
Butter	7,4
Butter mit Joghurt	6,0
Butterschmalz	9,0
Eigelb	3,5
Eiklar	0,5
Halbfettmargarine	3,7
Hühnerei	1,5
Margarine	7,1
Mayonnaise, 80% Fett	7,6
Olivenöl	8,2
Rapsöl	8,3
Remoulade, 65% Fett	6,4
Salatcreme, z.B. 29% Fett	1,2
Salatmayonnaise, 50% Fett	4,0
Schweineschmalz	9,0

Brotaufstriche	ED
Diätkonfitüre	1,1
Erdbeermarmelade	2,3
Erdnusscreme	6,5
Honig	3,3
Möhrenaufstrich, selbst gemacht	0,7
Nuss-Nougat-Creme	5,5
Pesto, grün	4,5
Pesto, rot	3,6
Schnittlauch	0,3
Tomate-Basilikum-Aufstrich	2,6
Tomatenmark, 3-fach konzentriert	1,1
Zuckerrübensirup	2,9

Hülsenfrüchte	ED
Amaranth, gekocht	1,2
Bohnen, weiß	1,0
Ebly, gekocht	1,3
Erbsen, gekocht	0,9
Frischkornbrei	1,5
Grünkern, gekocht	1,0
Hirse, gekocht	1,1
Kidneybohnen, gekocht	1,0
Linsen, gekocht	1,1
Polenta/Maisgrieß, gekocht	0,7
Quinoa, gekocht	1,5
Sojasprossen	0,5
Tofu	1,1

Gemüse	ED
Aubergine	0,2
Bohnen, grün	0,3
Butternusskürbis	0,4
Erbsen	0,8
Fenchel	0,3
Frühlingszwiebel	0,4
Grünkohl	0,4
Gurke	0,1
Hokkaidokürbis	0,6
Karotten	0,3
Kohlgemüse (Blumen-, Rosen-, Rot-, Spitz-, Weißkohl, Wirsing, Brokkoli, Kohlrabi, etc.)	0,2–0,3
Lauch	0,3
Muskatkürbis	0,2
Oliven, grün, Konserve	1,4
Paprika (grün, gelb, rot)	0,2–0,4
Pastinake	0,2
Radieschen, Rettich	0,2
Rote Bete	0,4
Salat (Kopf-, Eis-, Endiviensalat, Rucola etc.)	0,1–0,2
Schwarzwurzeln	0,2
Sellerie (Stauden-, Knollen-)	0,2
Sojasprossen	0,5
Spargel (grün, weiß)	0,2
Spinat	0,2
Tomate	0,2
Zucchini	0,2
Zwiebel, Schalotte	0,3

OBST	ED
Ananas	0,6
Apfel	0,5
Aprikose	0,4
Avocado	2,2
Birne	0,6
Brombeeren	0,5
Dattel	2,8
Erdbeeren	0,3
Feige	0,6
Granatapfel	0,8
Grapefruit/Pampelmuse	0,5
Heidelbeeren	0,4
Himbeeren	0,3
Honigmelone	0,5
Johannisbeeren	0,4
Kaki	0,7
Kirschen, Sauerkirschen	0,6
Kiwi	0,5
Litschi	0,7
Mandarine	0,5
Mango	0,6
Nektarine	0,6
Orange	0,5
Papaya	0,1
Pfirsich	0,4
Pflaumen, Zwetschgen	0,5
Stachelbeeren	0,4
Trauben	0,7
Wassermelone	0,4

Milchprodukte	ED
Crème fraîche	3,0
Dickmilch	0,7
Fruchtjoghurt, 1,5% Fett	0,8
Joghurt, 3,5% Fett	0,7
Joghurt, 1,5% Fett	0,6
Kefir, mild	0,4
Magerquark	0,7
Mascarpone	4,1
Milch, 1,5% Fett	0,5
Milch, 3,5% Fett	0,7
Pudding, ohne Sahne	0,5–1,0
Quark, 20% Fett	1,1
Quark, 40% Fett	1,6
Rahmjoghurt	1,5
Sahne, 30% Fett	2,9
Sauerrahm, Saure Sahne (10%)	1,3
Schmand, 24% Fett	2,3
Sojajoghurt	0,5

Essen außer Haus	ED
Big Mac, Whopper, Hamburger	2,4
Döner Kebab	1,6
Griechischer Salat	0,7
Kaiserschmarrn	2,4
Minestrone	0,8
Pizza	2,5
Rindersteak	1,5
Schnitzel, paniert, mit Pommes	3,1
Spaghetti bolognese	1,4
Sushi	1,6

Käse	ED
Bergkäse, 45% Fett	3,9
Blauschimmelkäse, 70% Fett	4,1
Bockshornklee-Käse	3,6
Bonbel leicht, 12% Fett	2,1
Butterkäse, 60% Fett	3,8
Camembert, 12% Fett	2,0
Camembert, 45% Fett	2,7
Edamer, 45% Fett	3,5
Emmentaler, 48% Fett	3,8
Feta, 45% fett	2,7
Feta, leicht	1,7
Frischkäse, 70% Fett	2,5
Frischkäse, light	1,0
Gorgonzola	3,3
Gouda, 30% / 45% Fett	2,5/3,7
Greyerzer, 45% Fett	4,0
Harzer Käse	1,1
Hüttenkäse	0,8
Körniger Frischkäse	0,8
Leerdamer, 30% / 45% Fett	2,5/3,5
Mozzarella, 45% Fett	2,5
Mozzarella light	1,6
Parmesan	3,9
Pizzakäse, gerieben	3,4
Scheibletten, 45% Fett	2,7
Schmelzkäse, 20% Fett	1,7
Tilsiter, 45% Fett	3,5
Ziegenkäse (Frischkäse)	1,6
Ziegenkäse (Weichkäse)	3,0

Fleisch, Wurst, Fisch	ED
Bierschinken	1,7
Bratwurst	2,5
Bündner Fleisch	2,2
Fischstäbchen	1,8
Forellenfilets, geräuchert	1,2
Frikadelle, Klops, Fleischpflanzerl, Bulette	2,4
Gelbwurst	2,8
Hackfleisch, aus magerem Fleisch	1,1
Hackfleisch, gemischt	2,3
Hähnchenbrust, ohne Haut	1,0
Hähnchenkeule, mit Haut, ohne Knochen	2,3
Hering	2,3
Kassler, ohne Knochen	1,3
Lachs, frisch	1,3
Landjäger	4,6
Leberkäse	3
Leberwurst, grob	3,1
Makrelenfilets, geräuchert	2,2
Mettwurst, fein, Teewurst	3,8
Mortadella	3,5
Paniertes Schnitzel	3,2
Parmaschinken	2,5
Putenschnitzel	1,1
Putenwurst	1,6
Räucherlachs	1,8
Rinderfilet	1,2
Rollmops, Bismarckhering	1,6–2,1

Fleisch, Wurst, Fisch	ED
Rotbarsch	1,1
Salami	3,8
Salami, fettreduziert	2,6
Sardellen	1,0
Schinken, gekocht	1,2
Schweinefilet	1,1
Speck, fett	4,2
Speck, mager	1,2
Thunfisch im eigenen Saft	1,1
Thunfisch in Öl	1,9

Beilagen	ED
Bratkartoffeln (mit wenig Fett)	1,2
Gnocchi	1,6
Kartoffeln	0,7
Kartoffelklöße	1,0
Kartoffelpüree	0,8
Kartoffelsalat mit Essig/Öl	1,0
Kartoffelsalat mit Mayo	1,8
Kroketten, frittiert	3,0
Nudeln, gekocht	1,5
Polenta, gekocht	0,7
Pommes frites, Backofen	1,5
Pommes frites, Friteuse	3,0
Reis, gekocht	1,1
Rösti	1,6
Schupfnudeln	1,7
Semmelknödel	0,7
Spätzle	1,5

Süßes und Knabbereien	ED
Apfelkuchen	2,3
Apfelstrudel (Blätterteig)	2,0
Apfeltasche	2,9
Aprikose, getrocknet	2,4
Berliner, Krapfen, Donuts	3–4
Dominosteine	3,9
Erdnüsse, geröstet	5,9
Erdnussflips	5,3
Feige, getrocknet	2,4
Grießbrei (o. Butter, o. Zucker)	1,3
Grissini	4,2
Gummibärchen	3,4
Käsegebäck	5,0
Käsekuchen	2,6
Kartoffelchips	5,5
Kräcker	4,9
Lebkuchen mit Schokoladen-überzug	4,4
Milcheis (Vanille, Schoko, etc.)	1,6–2,6
Milchreis	1,2
Milchschnitte	4,2
Mousse au Chocolat	3,2
Muffin, Schokolade	3,3
Nussschnecke	4,3
Obstsalat	0,7–1,0
Panna Cotta	2,6
Quarktasche	2,8
Reiskräcker	3,8
Reiswaffeln	3,9

Süßes und Knabbereien	ED
Rote Grütze	1,0
Sahnetorte	3,7
Salzstangen, -brezen	2,9
Schokolade	5,5
Sorbet, Fruchteis	0,8–1,2
Studentenfutter	4,7
Tiramisu	3,0
Tortilla-Chips	4,6
Wasabi-Erbsen	4,4
Zucker	4,1

Nüsse, Samen	ED
Cashewkerne	5,7
Chiasamen	4,4
Flohsamen, geschält	2,7
Flohsamenschalen	0,3
Haselnuss	6,5
Kokosnuss	3,6
Kokosraspel	6,1
Kürbiskerne	5,6
Leinsamen, ungeschält	3,9
Macadamianuss	6,9
Mandel	5,8
Paranuss	6,7
Pinienkerne	6,7
Pistazienkerne	6,2
Sesamsamen	5,7
Sonnenblumenkerne	6,0
Walnusskerne	6,7